追寻红色记忆 传承红色基因

红色奶奶

1908-1982

谢文杰◎著

中共中央党校出版社

图书在版编目(CIP)数据

红色奶奶/谢文杰著 . --北京:中共中央党校出版社,2020.9

ISBN 978-7-5035-6776-6

Ⅰ.①红⋯　Ⅱ.①谢⋯　Ⅲ.①纪实文学-中国-当代 Ⅳ.①I25

中国版本图书馆 CIP 数据核字(2020)第 072920 号

红色奶奶

责任编辑	任丽娜　牛琴琴
版式设计	苏彩红
责任印制	陈梦楠
责任校对	马　晶
出版发行	中共中央党校出版社
地　　址	北京市海淀区长春桥路 6 号
电　　话	(010)68922815(总编室)　　(010)68922233(发行部)
传　　真	(010)68922814
经　　销	全国新华书店
印　　刷	北京盛通印刷股份有限公司
开　　本	700 毫米×1000 毫米　1/16
字　　数	119 千字
印　　张	10.25
版　　次	2020 年 9 月第 1 版　　2020 年 9 月第 1 次印刷
定　　价	48.00 元

网　　址:www. dxcbs. net	邮　　箱:zydxcbs2018@163.com
微　信 ID:中共中央党校出版社	新浪微博:@党校出版社

红色奶奶林花兰遗像

红色奶奶林花兰丈夫——程德汉烈士遗像

琼海市嘉积镇官塘村程德汉烈士墓

琼海市嘉积镇官塘村维修后的程德汉烈士故居

红色奶奶林花兰年少时
在屯昌县南吕墟住过的房子的门牌号

序

习近平总书记指出："新中国是无数革命先烈用鲜血和生命铸就的。要深刻认识红色政权来之不易，新中国来之不易，中国特色社会主义来之不易。""我们要饮水思源，不要忘了革命先烈。""我们要向革命先烈表示崇高的敬意，我们永远怀念他们、牢记他们，传承好他们的红色基因。"

传承红色基因最为主要的途径就是塑造红色文化英雄，通过红色文化英雄来讲述中国故事，全面、真实、立体地展现中国红色基因，从而更好地提高中国文化的软实力和感染力。

红色基因是促进建设中国特色社会主义新时代的精神支柱和力量源泉，传承红色基因是当下一项重要政治任务。讲好中国故事、革命故事、红军故事，传承红色基因，实际上就是为了继承革命前辈的红色革命精神。回顾 70 年来伟大祖国所走过的艰辛历程，祖国今天的繁荣昌盛，无不得益于革命先烈们的大无畏精神。忆往昔，全国各革命根据地的星星之火给我们留下了不计其数的红色经典。

《红色奶奶》一书，讲述了当年海南琼崖革命根据地一位红军烈士爱妻的故事，用这位红色奶奶林花兰的故事展现革命先辈是如

红色奶奶

何用鲜血和生命来换取新中国的伟大胜利。作者以红军烈士程德汉爱妻林花兰的一生作为主线，叙述了当时红军的故事，有条有理地讲述了红军精神和红色基因是如何影响林花兰的一生，林花兰又是如何用自己的一生去发扬红色精神和传承红色基因。从书中可以看出，林花兰是当时琼崖革命根据地范围内的一面旗帜。她殚精竭虑，全身心协助红军做好后勤保障和医护工作，她为了保守共产党和红军的秘密而"三改其名"，为了革命承受了丧儿之痛、丧夫之苦，在丈夫红军大队长程德汉牺牲时，敌人割下程德汉的双耳去领赏示众，并把有身孕的林花兰抓入冷狱中关了半年。面对敌人的酷刑拷打，林花兰决不低头，没有讲出当时红军的秘密，并生下红军烈士程德汉的遗腹子。她不畏艰辛地将遗腹子和一对革命烈士夫妻的女儿以及在村口抱来的弃婴养育成人；她凭借红军卫生员的医德医术，一次次为孕妇接生，迎接了上千个新生命，她无私的大爱救助了许许多多母子的生命；她坚贞不渝，为了传承红色精神，传播红色基因，终生未改嫁……

林花兰用她的一生向我们展现了无畏生死、艰苦奋斗、坚贞不屈的红色精神，用她平凡的一生在诠释着红色基因的伟大。林花兰用行动向我们诠释了习近平总书记所说的"伟大出自平凡，平凡造就伟大"。只要有坚定的理想信念、不懈的奋斗精神，脚踏实地把每件平凡的事做好，一切平凡的人都可以获得不平凡的人生，一切平凡的工作都可以创造不平凡的成就。

本书作者谢文杰是一位军旅作家，他对文学事业有着执着的追求，坚持做好传承红色基因的工作，讲好中国故事，创作出有中国特色的红色文学作品是他一直以来的使命和追求。本书已列入"万泉河红色故事系列"。我作为一名老红军战士，认为红色奶奶林花兰的故事很感人，是红色基因传承和传播的好示范、好典型。

借新中国成立 70 周年和迎接建党 100 周年之际，我衷心希望此书可以激励更多的读者和青少年朋友以林花兰这位红色奶奶的平凡事迹为启发，不忘初心、牢记使命，在实现中华民族伟大复兴的征途中，在以习近平同志为核心的党中央的坚强领导下，朝着实现中华民族伟大复兴的中国梦而奋勇前进！

王定国

2019 年 11 月 9 日

（王定国，1913 年生，1934 年参加红军，著名法学家和教育家、杰出的社会活动家、法学界的先导、人民司法制度的奠基者、"延安五老"谢觉哉的夫人，享受正部级待遇。）

引　子

　　2019 年 9 月 29 日，北京城里金桂飘香，神州大地百花争艳，在这美好又令人高兴的时刻，习近平总书记在国家勋章和国家荣誉称号颁授仪式上隆重提出了"崇尚英雄才会产生英雄，争做英雄才能英雄辈出"这一论述。

　　与此同时，我突然听说《红色娘子军》的发源地——海南省琼海市有一位红军双枪大队长的爱妻，名叫林花兰，她从小知书达理，崇拜红军，追随红军，是一名刚烈女子！为了革命，她跟随身为红军双枪大队长的丈夫程德汉踏遍五指山，汗水洒满万泉河畔；为了支持革命事业，她先后两次改名换姓，从小到大分别叫作宣福常、宣传常和林花兰；为了革命，她跟随忠烈的丈夫程德汉自始至终坚贞不渝！在丈夫程德汉为革命牺牲后，她历经牢狱产子之苦，不出卖红军；忍受敌人千般折磨之痛，不放弃抵抗；终身守寡举步维艰，不停行善接生；她的故事在琼海大地上被广为传赞，虽然她老人家逝世多年，但是，人们还依然记得她老人家的音容笑貌，依然没有忘记她老人家生前为产妇日夜奔波的身影，依然可以述说出她老人家大慈大悲的仁爱之举！而今，左邻右舍的人们纷纷称她老人家为

"红色奶奶"。

为了追寻这位"红色奶奶"的足迹，我踏上了琼海市嘉积镇官塘村这块红色的土地，在琼海市文旅局、电视台和她83岁的养女刘应容、孙子程文、程扬、程沫的带领下，我爬上了陵水县的"红军岭"，踏进了关押过林花兰奶奶的监狱，抵达了当年她出生的南吕墟老市……

功夫不负有心人，通过我一点一点地寻觅，这部长达十万字的长篇纪实文学作品便诞生了，下面我就用文字把大家带入这个鲜为人知的故事之中。

目录
CONTENTS

001	第一章	南吕燃起红色情
019	第二章	病床生爱互倾心
031	第三章	豪情斗志源于战
047	第四章	硝烟过后子降临
057	第五章	乐渗悲伤志更坚
067	第六章	危难之时速转移
079	第七章	促膝交谈润心田
091	第八章	战场失利满心凄
103	第九章	冷狱如冰苦难言
115	第十章	母子重逢福满堂
119	第十一章	归途路漫艰辛苦
125	第十二章	积德接生为人梯
137	回忆我的奶奶	
141	跋	

第一章

★

南昌燃起红色情

南昌墟老市位于海南屯昌县郊十多公里的一片椰林地带，1908年早春的一天清晨，黑压压的乌云突然把这个只有几十间档铺的老市笼罩得严严实实，给每一个赶集的人带来了一种无形的压抑，就在这时，天空的乌云突然被几道弯来扭去的闪电划成了大小不等的几片，紧接着就是一阵阵震耳欲聋的雷声在南昌墟这个老市回荡着！

当雷声过后，一阵阵女婴的啼哭声突然接踵而来，天空中的乌云紧随着女婴的啼哭声慢慢地散去了！阳光从椰树丛中斜身洒下，正好照在这个刚刚出生的婴儿的脸上。

主人宣大伯见到这一幕心中窃喜，认为自己的女儿虽然生于乌云弥漫之时，却也有阳光普照之际，日后一定会大福大贵！于是立即给刚刚降临的女儿取名"福常"，其意在于将来的福气时常伴随在她的左右，让她平安一生，幸福一生！

刚刚取完名字，宣大伯好像觉得还有什么不妥，于是连忙点上三炷香火，又从鸡笼里抓来一只大大的公鸡杀了，再点燃了一串鞭炮，在噼里啪啦的响声中，他在自己家的神位下叩了三个响头，同时在嘴里念叨着要列祖列宗保佑自己刚刚降临的女儿吉祥平安！

或许真的是先辈们在天有灵，自打宣福常出生之后她还真的是顺风顺水，不满一岁的时候，她就能叫出"阿爸""阿妈"，到她两三岁的时候，就成了爹娘的好助手，因为父母都是当地有名的裁缝，每当业务繁多的时候，福常还会帮助父母量衣裁布牵皮尺。对光顾的客人们，她总会面带微笑地迎接。到了六七岁的时候，福常就可以烧茶递水招待客人了。

日月如梭，转眼福常就到了上学的年龄，可是善于察言观色的她并没有更多上学的想法，一天细心的阿母悄悄地问她："姑娘，你阿爸想让你去上学，免得你在家调皮……"

福常流着泪水，嘴唇嚅动着一句话也不说。

阿母见状一下子不知如何是好，于是轻轻地把福常搂到了自己的怀里，小声地说："福常，别哭，娘是为你好才让你去上学的！"

"娘！您送哥哥和弟弟他们两个去上学就可以了，我就不上了！我要帮你干家务活儿！"

阿母听女儿这么一说，流着泪用力地推开女儿，大声地说："福常，你上学的钱阿母不缺！我做牛做马也要让你们去读书！"

阿母没有食言，福常很快就跟着哥哥和弟弟读起了私塾。白天，福常在老师家里非常勤奋地学习，回到家中，她又在阿母跟前形影不离帮着干活，要么洗衣做饭，要么剪布量衣。一天深夜，阿母突然接到了一批布料，第二天早上就打出了"今天因事外出，停业三天"的通知。让福常好奇的是，等第二天放学回家的时候，发现阿母和阿爸都并没有出门，而是关起门在家赶着做一批新衣服。

出于好奇，福常两手托腮，面带微笑地席地坐在阿母的身边问道："娘，您这是在给谁做新衣裳呀？是不是要过年了呀？"

阿母听了，便笑了笑说："你是小孩子，还不是关心这个事的时候呢！"

福常噌地站了起来，连忙给阿母倒了一杯热气腾腾的茶水过来，关切地说："娘！子不教，父之过；女不教，母之错！"

阿母听福常这么一说，会心地笑了。连忙站起身来，把福常拉到一边耳语了好长一阵子。

福常听完阿母的话后，那天真无邪的脸严肃起来，往日的微笑消失了。从这一天开始，宣福常从阿母的口中懂得了什么叫红军！她知道了红军是为普天下老百姓服务的。

慢慢地，聪明好学的福常长大了，分辨是非的能力与日俱增，处理问题的能力也有了进一步的提高。与此同时，随着年龄的增长，她跟在阿母的身边还学会了一套灶台上的手艺活，做饭炒菜样样精通！周围邻里还会端着饭碗来专门尝试她的手艺。隔壁药店的曾氏夫妇更是对福常爱护有加，有事没事都要来找福常说话，一来二往，乖巧的福常便渐渐地成了他们家的座上客，有事没事就往他们家里跑。

更令药店老板娘羡慕的是她不但皮肤白嫩，长得更是俏皮可爱，加上她那一双剑眉下闪耀着两只炯炯有神的大眼睛，高挑的个头，走起路来步步生风，看着她长大的老板娘打心眼里喜欢她的耿直和善良。

一个年关的中午，老板娘满心喜悦地摸着宣福常的头，和蔼可亲地说："姑娘，你不但心灵手巧做得一手好菜，而且还常帮我忙前忙后的，要不干脆做我的徒弟吧！每个月吃我全包了，给你一块大洋作为薪酬，你看怎么样？"

年少如花的宣福常听有人夸赞自己，加上又觉得跟这个药店的老板娘很投缘，随口就叫了一声"师母"，爽快地答应了。

带着满心的喜悦，福常当晚美滋滋地进入了梦乡。三更刚过，宣福常突然听到了阿母的呼唤声："福常，你醒醒！"

顿时，她翻身起了床，大声地问道："娘，您有事吗？"

"闺女，红军叔叔来了，你赶紧帮忙把这些做好的军服搬到后院的椰林里去，他们正在那里等着呢！记得不收他们的钱哈！给你也不能收！因为红军是为咱们老百姓打天下的！"

阿母的话如一团熊熊燃烧的火焰，立即点燃了宣福常的一股激情，她连忙背着一包红军军服往后院的椰林里跑。

红军吗？不会吧？他们身上的衣服除了可以看清鲜红的领章和闪光的帽徽之外，其余就很难看清楚了……

然而，当她看清楚红军官兵的脸庞时，又突然多了一份喜悦，因为在他们的脸庞上，她看到了红军官兵那一双双充满激情而又饱含斗志的眼睛！这时，她干活的激情更加高涨了！

十多包军服，她只用了二十多分钟就全部运到了椰林里的红军手中，送走最后一包军服，她带着满心的喜悦和无限的憧憬又接着进入了睡梦！

天刚蒙蒙亮的时候，睡得蒙眬的福常突然又听到了一阵"咚咚咚"的敲门声。

福常从睡梦中惊醒。

天都没亮，怎么会有人在自己家的后门敲门呢？这不可能是做衣服的吧！她一个翻身就从床头上操起了一把防身的镖！而后站在后门边侧耳细听，瞬间她又听到有人在叫着她的名字："福常呀！福常！快起床，我家来了一个重病号，你快点过来帮把手！"

是隔壁药房里师母的声音！她立即打开了自家的后门，快步来到了师母家的注射室。

眼前是一个腰部插着双枪的红军，右手臂正在不停地渗出鲜血。师母一边准备给他手术清疮，一边吩咐福常帮她递着纱布和镊子。

正当师母给这位红军伤员缝合到一半的时候，他们家的大门口响起了一阵嘈杂的吵闹声: "开门! 开门! 你们这个药店看到一个'红鬼子'没有?"站在一边的师父连忙给师母使了一个眼色。师母就立即停下了缝合,十分麻利地用绷带把红军伤员的伤口包扎好,小声地说: "福常,这是一名红军,他已经昏迷了,你背着他到屋后的林子里躲一躲,我和你师父去对付一下这帮狗腿子!"话音刚落,门口的吵闹声更大了!

"开门! 开门! 再不开门我们就点火烧房子啦!"

福常对师母的话言听计从,她一把背起红军伤员就往树丛里跑。

药店里的师父咳嗽着出去开门。

走到门口的时候,他故意大声喊道: "来了! 来了! 千万不要点火,我们平时也对你们不薄呀!"

听到药店里的动静,狗腿子们的吵闹声小了,说: "有人! 有人! 咱们查查看再说!"

师父说是去开门,可他哪里想开呢? 一怕刚刚的手术杂物没有来得及清理销毁,二怕宣福常背走的红军伤员还没有来得及走远。于是他又大声地呼喊着老婆: "婆婆子呀! 你去烧水杀鸡,我们家来了贵客,给他们暖暖肚子!"

药店门外的几个狗腿子一听,个个都乐了。师父一边使劲用脚踢着大门,一边大声说道: "客官们! 等等呵! 这乌漆墨黑的,我一下子还没找到门闩呢!"

"开门! 开门! 你要是敢给我们玩儿邪的,我们是饶不了你的!"

药店门口又传来一阵阵催促声!

屋内的师母点着了柴火,也销毁了刚刚的手术杂料,便大步走来,边走边说: "看你个死老头,开个门也得我来不成!"

两人心知肚明的对话立即让彼此明了,现在是开门的时候了。

师父一把将大门打开,师母连忙递上香烟。

"这大晚上的,你们辛苦呵!来一根解解困!来一根解解困!"

师父见状连忙去鸡窝里抓鸡,吩咐师母说:"婆婆子呀!你得把客官们通通留下哟!我把这个大公鸡给杀了,让大伙补一补身子哈!"

狗腿子们见师母眉清目秀,说话又温柔体贴,加上穿得也有些单薄,他们个个垂涎三尺!

这时,领头的狗腿子看出了大家的心思,便大声地说道:"兄弟们!我们还有正事哟,可不要开什么小差呀!"

这时,大家异口同声地答道:"是的!我们先搜!"

于是,一个个举着手中的火把冲进了药房。"当家的!鸡就不吃了,你知道咱们的规矩呵!两刻钟前有一个'红鬼子'被我们打伤了,我们当家的说要到附近各个药店查找,所以如果你发现了的话,识数的就赶紧报告我们,否则要你吃不了兜着走。"

"明白!明白!我们夫妇真没有见什么'红鬼子',你们也看过了!"师父肯定道。

"你是个草包!'红鬼子'就是专门跟国军作对的,叫'红军'!你明白了吗?如果下次还不明白就小心你的脑袋开花!"狗腿子中的一个高个子大声嗷嗷道。

"小的不敢!小的不敢!各位客官们放心!我一个开药店的,不可能不听各位客官的说!"师父边微微笑着,边给这帮狗腿子鞠着躬!

"就是他不报我也会去报,我们这家药店在这里生存还多亏了你们的关照不是?"师母的微笑更是让人着迷!

眼看着这帮狗腿子走远了,师母就急急忙忙跑到屋后的林子中找人!她一出门就压着声音喊道:"福常,在哪儿啦?福常,在哪儿啦?"

　　一连叫了两声，没有什么动静，师母急了，心想伤员的伤口缝了一半，是不是还在流血呢？于是，她快步来到了福常的家里。

　　刚刚到福常家，没想到宣福常已把这位伤员的伤口缝合完了。不过这名红军伤员却一直没有苏醒过来。

　　师母惊奇地问：“福常，你怎么也学会了缝合伤口呢？”

　　“师母，您平时不是教育我说‘处处留心皆学问’吗？我就是一边看您和师父给别的病人做治疗，一边记在心里，这样，我就会了呀！”宣福常微笑着说。

　　“福常，真了不起！”师母高兴地说。

　　“谢谢师母表扬！我也是赶鸭子上架，头一回。心想如果不及时缝合，恐怕对这个伤员不利！”宣福常连忙解释道。

　　“好样的！真不错！来，我检查一下，不要有什么遗漏的地方！人命关天的事可不是小事呵！”师母和蔼可亲地说。

　　宣福常笑了笑说：“师母，您什么事都想得周到！”

　　师母走到红军伤员身边，看了看伤口的打结处，又用镊子轻轻地拉了拉线头，紧接着又摸了摸伤员的手脉，探了探他的胸口的体温，最后用手背放在他的额头上感受了一下他的体温，而后小声地跟福常说：“福常呀！人就先安排在你们家，有什么事你从后院来找你师父就是了！”

　　“师母，我爹娘还不知道，您要不先跟他们交代一下好不？”福常担心地说。

　　师母笑了笑说：“会的会的！不过我得先回家里去找几件衣服给他换个装再去跟你父母商量好不？”

　　福常点点头，她一边凝视着这个昏迷不醒的红军伤员，一边用一块干净的围巾擦了擦他眼角的泪水，瞬间的工夫，她就陷入了沉思之中，这些头戴着红色五角星帽的红军，平日里从不欺负当地的老百姓，可是国军为什么又要到处追杀他们呢？而国军在追杀红军的时候，为什么师父和师母又极力相助他们呢？

一个又一个问号在她心中环绕着……

就在她百思不得其解的时候，师母拿着两件整洁的衣服进来了，她一边给红军伤员换衣，一边念叨着："小兄弟呀，这可是我家老头子最好的家当了哈！但愿你穿上后尽快地好起来，早日归队杀敌！"

师母一边说，一边麻利地给红军伤员换下了他的全部衣服。紧接着，她又拍了拍宣福常的肩膀说：

"福常，你看着，我这就去找你的阿母商量。"

师母说完就去找宣福常父母商量去了。

福常父母一听这个消息，满口就答应让福常在厅里架个地铺自己睡觉，让她把自己的木床先腾出来给红军伤员住下。

得到父母支持的宣福常格外高兴，在她看来父母的举措是正义的、善良的！所以她也感受到了父母和师母是志同道合的邻里。

看到今天的这一切，师母打心里格外高兴，一来认为自己当年主动收福常做自己的徒弟没有看错人；二来觉得宣家对自己的每一个提议都非常支持，心存感激！

在药店里工作的宣福常也十分开心，虽然生意算不上十分景气，但是师母在当地的威信还不小，凡是她说的话大家都是心服口服，这可能也是自己从小就爱往他们店里跑的原因之一吧！

福常与师母的相好是从帮师母扫地开始的。她一到店里来玩的时候，就会主动把地上的垃圾主动清扫得干干净净，慢慢地，当师母停下切药的手工活后，她也会出于好奇亲自上前体验体验，日子长了，师母慢慢喜欢上了福常，有时还带着她到山上去挖一些"蛋竹叶""车前草""何首乌"之类的中草药材，不忙的时候还会给她传授"金银花"有解毒之功，"车前草"有利尿去热之效……渐渐地，宣福常便掌握了一些乡村医药的基本常识，师母也更加喜欢这个丫头。

随着时间的流逝，福常也逐步爱上了医药这个行业，并渐渐地开始全心求学，一来二去，师徒二人步入了志同道合的境地。

一天，一个国军士兵来店里抓药，不但不给一分钱就走了，还边走边说，要是吃了你们的药病好不了就把这个店烧了。

福常一听火了，收不到钱老板会怎么想自己，于是她跑到国军士兵跟前，大声地喊道："你给我站住，哪有抓药不给钱的道理？"

福常的声音惊醒了正在午睡的师母，她不声不响地走到跟前说："客官，您实在手头紧的话下次再给也行！这次就我请客吧！不过有一句话要告诉您的是，我们这个地方有句俗话'只有请客吃饭，没有请人吃药的'，那样对病人不利。"

士兵一听老板娘的话在理，便从裤袋里拿出来一块大洋说："行！你说的在理，我回去跟上司汇报一下，就说给了你一块大洋，不过你可别不承认，否则我是不能交差的喽！"

师母连忙回答道："是的！客官我记住了！"

打那以后，这人凡是来老市捡药时，就再也没有欠过师母一分钱，后来还成了师母的朋友。

不过，福常从师母的日常生活和言谈举止中却发现了这样一个关键问题，她发现凡是红军来抓药时师母总会尽量少收或不收红军官兵的钱，很小的时候她不敢随便询问，当她正式成为药店里的工人之后便更有知道个中原因的兴趣了。

一天，她趁店里没人，小声地询问师母是不是从骨子里对红军官兵有些偏爱。

师母马上用手封住了她的嘴巴，而后把她拉到里屋，帮她理了理衣领，严肃地说："福常，你记住！凡是穿着红军衣服的人来抓药，你都要他们报账号，要是他们报对了，你就不收钱，只说回来等老板一起结算就是。"

"那他们的账号是多少？"福常小声地问。

"红军的账号是'南吕墟43号'，也就是我们的门牌号码。"师母小声地说。

"那国军有账号吗？"福常又问。

"国军是坏人！我不喜欢。红军是老百姓的军队，他们专门帮助老百姓！是自己人，知道吗？你可要记住哟！"师母一脸严肃地说。

福常一边点头，一边小声地说："师母，我知道了！"

回到家里，福常并不敢把师母的教导告诉父母，因为这是一个秘密。但是，她心里在琢磨这样一个问题：为什么在老市上走的身穿红领章的红军特别少，有时一晃就不见人了；而国军一个个流里流气的，在大街上东游西浪，好像一天到晚都是游手好闲的一样，为什么师母对他们有些不屑一顾呢？难道国军就真的不是好人吗？

又是一个夜深人静的晚上，福常辗转反侧难以入睡，在她心中对红军和国军二者之间有一种知其然而不知其所以然的感觉，于是她轻轻地敲开了师母的房门，轻声地询问了师母这样一个问题："师母，您了解红军吗？"

师母见福常是真心实意地想了解真相，她便拉着福常的手说："福常！你是成年人了，对什么问题都能观察入微，这是好事，你对我这个师母来讲也算是亲人了，从你打小懂事就跟在我后面常来常往，我知道你不会把我告诉你的事传出去的，所以我今天就如实告诉你吧！"

"福常，你知道自己家的鸡蛋吗？"

福常说："知道！"

"那好！我们人类生活的这个世界就如同生活在一个鸡蛋上一

样，在鸡蛋周围有许许多多的国家，每一个国家都有我们这样的集镇，在我们这个集镇上有发财人家，也有不发财的人家。那么国家也一样，有富裕的，也有贫穷的。譬如英国就是富裕的，他们的工业革命让资本国家得到了发展强大，不断地对外扩张自己的势力，侵占了许许多多其他国家的土地，使得其他国家成为他们英国的殖民地，目前的新加坡就是英国的殖民地。现在，像英国、美国这样的西方列强也同样想把我们国家变成他们的殖民地，所以对我们中国虎视眈眈。"

福常听到这里，她换了一个坐姿，而后插话说："师母，什么叫殖民地？"

"简单地说，'殖民地'就是指被别的国家抢占了的那一个地方。"

福常点点头说："师母，那我明白了！"

师母又继续说："红军就是不想让我们中国人的土地给别人去管，而是要自己当家作主，所以红军是正义的，是为我们老百姓撑腰的！日后你一定要记得支持红军。至于国军嘛，我看他们坏事确实干了不少，军阀作风太严重了。"

师母的话不多，但是却相当贴切，福常虽然年纪尚小，但还是把师母的话刻在心中，并付诸行动。

从那以后，每次来抓药报"南吕墟43号"的红军官兵，她都是笑脸相迎，毕恭毕敬！对他们的言行总有一种好感。

不过，在福常心里，她也知道自己一介女流之辈去当红军还是望尘莫及之事，但是她认准一条道理，红军部队是一定要有卫生员的。如果从现在起，自己就勤学苦练掌握好这门医术的话，将来也许会有为红军官兵服务的机会。

从那以后，她就更加注重学习了，师父开出的方子，她默默地记在心上，而后和病号聊天，了解他们的病情，回到家里就把病人的病症和师父开的药方一同写在自己的一个小本本上；师母给伤员做手术，她在一边细心地观察，回到家里同样写在自己的小本本里。日久天长，慢慢地学会了一些基本的医术知识。

有一天，师母要给福常加一点工资，她却拒绝了，并告诉师母说："只要能在您这儿上班，我就心满意足了！"

看到如此体贴入微的姑娘，师母感动了。想到男大当婚女大当嫁的俗理，她便开始着手给福常介绍对象。

在一个月朗星稀的夜晚，师母找到了福常说："福常呀！我今天晚餐吃得有点儿饱了，肚子胀胀的，咱们到山边的椰子林里转悠转悠怎么样？"

福常不知师母的用意，跟以往一样蹦蹦跳跳跟着去了。

师母不想开门见山地跟福常说媒，转着弯说："福常，你用'希望'造三个句子，如果我认为好的话，奖励给你一条花裙子！"

"我希望长大后也当一名红军战士保家卫国。怎么样？师母！"福常乐哈哈地说。

"这个好！"师母马上肯定了福常的造句和愿望。

"第二个嘛，我希望自己能像师母一样做一个医术高明的医生，一是治病救人，二是积德行善！"

师母又给了福常一个高度的评价："好！有理想！"

"第三个希望嘛，那就是希望我父母和师父师母健康长寿，永远没有病痛的折磨！"福常的希望并不全如师母所想，她便耐心地开导道："你都慢慢地成了大姑娘了，难道就没有……"

福常望着师母若有所思地微笑着，师母也担心自己多虑了不想把话题挑明了讲，可福常就是不接她的茬。师母心里一阵茫然。

这时，她正好看到树枝上有一对小鸟在嬉戏，于是来了一句："福常，你看它们幸福不？"

福常睁大了双眼，她告诉师母说："师母，您和师父是最幸福的，我觉得人的一生一定要跟志同道合的人在一起，这样才有意义和价值！我将来的婚姻应该是找一个有抱负的人，而不是去找一个富豪或者一个什么帅气的小伙子。"

师母是一个开明的人，福常的想法她已经了解了十之八九。于是决定不谈论这个问题了，因为她心里明白，福常虽然到了该出嫁的年龄，但只是没有心中的如意郎君而已！

眼看着天色渐渐地沉下去了，月亮也在天空中露出了淡淡的光芒。这时，福常突然叹了一口气问道："师母，您说在我们家的那个红军伤员什么时候才能苏醒过来啊？"

师母恍然大悟！她话锋一转说："福常，这些日子以来你对那个红军伤员照顾得不错，我看他的脸色有一些红润了，估计这条命是保住了！"

不过就是不能说话呀！要是能说话就好了！福常忧心忡忡的表情透露出她对这名红军伤员的无比关心！

师母明白了福常的心思，她连忙说："这个伤员是刀伤，因为伤口处理得不及时所以周围有些感染，原则上应该会好起来的。这样，我回去再仔细给他号号脉看看怎么样？"

福常听师母这么一说立马就拉着她的手往回走。

刚刚走到门口，屋里就传出了一阵呻吟声。

福常大步走在师母的前面，轻轻地推开了后屋的房门。

眼前的一幕让师母惊喜不已。红军伤员睁开了他那双坚毅而又放射光芒的眼睛！

"我是隔壁药店的老医生，红军同志，你受累了！"

"水！水！我要喝水！"红军伤员的声音虽然是微弱的，但福常依然听得格外分明，于是她连忙把半小勺凉水喂到他那干枯的嘴唇边，清甜的凉水顺着他的牙缝流入了他那干涩的咽喉里，几勺水下肚后，他的双眼变得更加有神了。

他先是哽咽了一下，而后泪流满面地说："多谢大嫂！"

就在两行泪水顺着红军伤员的眼角流下时，福常的眼睛也湿润了。

师母看在眼里，喜在心里，她紧紧地握着红军伤员的手说："同志！你别谢我，要谢就谢这位姑娘吧！"

这时红军伤员与福常四目相接了，这是一次爱和痛的撞击，从那一刻开始，一艘载着激情的巨轮就这样起航了！

"你叫什么名字呀？"福常好奇地问。

"我叫程德汉！嘉积官塘村人。"程德汉微弱地说。

"我叫宣福常，肯定小过你，那我就叫你德汉大哥吧！"福常一改往日的腼腆，自告奋勇地抢在师母的前面来了一个自我介绍！

"谢谢你了！姑娘！"

福常笑了笑说："谢什么谢！都在我床上躺了将近一个月了。害得我都睡在地铺上，不过还好，看到你终于苏醒过来了就好了。"

这时程德汉有点难为情了，他突然又闭上了双眼！泪水又一次一涌而出。

"德汉同志！你是好样的！阿姨佩服你！人醒了就是好事。千万别过分伤心，我会安排福常陪着你，一直到你完全恢复！"师母的话语如同一眼清泉，既滋润了程德汉那干枯的心，也让宣福常似乎感受到了一种突如其来的幸福。

师母的话音一落，福常两眼含着泪花说道："师母您放心，我会照顾好他的！"

在寂寞的星空下，有一种对话叫幸福；在白色恐怖的年代里，有一种对话叫惬意！

此时此刻，程德汉和福常的内心深处是幸福和惬意的。

"德汉大哥，你等等呵，我去拿条热毛巾给你擦把脸！"福常带着一种无比的喜悦走进了厨房，点火、灌水，一会儿工夫黑黑的瓦壶嘴就唱起了欢快的歌谣。

"来，德汉大哥，我帮你擦擦背，你都有近二十天没有洗澡了。"福常把躺在床上的程德汉扶立起来，就要帮他解上衣的扣子。

程德汉迟疑了一下说道："阿妹，我自己来吧！"

"别叫我阿妹，叫我宣医生吧！我是隔壁药房曾老板娘家的学徒。"

"好的！宣医生，我自己来吧！"

"自己来、自己来，自己怎么来嘛？我是医生，为病人服务是我的专业使命！没有什么大惊小怪的呵！"平日温柔雅静的福常提高了嗓门说道。

其实作为一个战斗在前沿阵地上的红军大队长，他担心的不全是男女有别的问题，而是自己一身的异味，所以才委婉地拒绝了福常为自己擦身。

而对福常来说，自从护理程德汉以来，她就格外用心照料，能擦拭的部位，她都帮他擦拭得干干净净，不便擦拭的地方，她都会找来师父帮忙代劳。所以程德汉万万没有想到自己远离父母，身受重伤，却得到了善良人的精心照料，从悬崖边捡回了一条命。这是一件多么幸运的事呵！

作为曾氏药店的学徒，当宣福常从师母口中得知红军是自己人，是为人民大众服务之后，在平时的护理工作中她都格外尽心尽力！程德汉能从昏迷中苏醒，宣福常是功不可没的。

时间在一天天地过去，宣福常与程德汉的距离越来越近了，一天她问程德汉说："德汉大哥，你为什么要参加红军呀？"

"宣医生，我在南洋求学期间，我发现夜校里这些进步的热血青年心潮激荡。他们如跪乳的羊儿那样，吸吮着革命的思想和理论，淬炼着自己的世界观、革命观和人生观，人人都在寻找适合自己的道路。他们是一批蓄势待发的勇士，若干时日过后，从这所陋室走出去的志士，他们都将在中国革命惨烈卓绝的斗争中创造奇迹与辉煌，有的献出了热血与生命，有的立下赫赫战功，成为祖国的栋梁。当然，也有人贪生怕死，贪图荣华富贵落得可耻下场，也有人畏缩无前，在庸庸碌碌之中空耗一生。我，作为一个中国人，理当为自己的祖国抛头颅、洒热血！鞠躬尽瘁，死而后已……"

宣福常听程德汉这么一说，心里更是芳心荡漾，她多么渴望有朝一日也能走上革命的道路，为红军服务，为人民作贡献。

紧接着，她又问程德汉："那你是怎么样负伤的呀？"

程德汉双眼紧闭，不急不慢地说："我当时在母瑞山上负伤了，红军们采来的治伤的草药作用有限，于是，副大队长胡友军就决定派出两名红军官兵下山采购药品。"

"直到第二天午后，派出去的两位红军还没有回来，我和副大队长胡友军心急如焚，心想他们两个红军战士是不是出什么事了？不管是红军战士还是红军干部，都是爹娘养的，手心手背都是肉嘛！你说不担心自然是假的，于是我就和副大队长胡友军说：'副队，我看这情况不妙，我们马上让大家做好转移的准备吧！'

"正在大家准备转移的时候，两个红军战士气喘吁吁地回来，还带回一个人。我定睛一看，是王永信，红一团一营三连的排长。我和战友们高兴地叫道：'王排长，怎么是你呀？'王永信快步走过来握住我的手说道：'程大队长，你的伤怎么样了？受苦了哟。'

"当时，我既为战友相逢而欣喜，又担心他是叛徒，所以没有多说，便问他怎么到这儿来了。

"他告诉我说，他自己也是红军，因为红军主力被打散后，就潜到了屯昌开茶店，以此掩护继续开展革命斗争。两位红军走渴了到茶店讨水喝。王永信听他们是琼乐一带的口音，便小心地了解了一下他们的情况，得知我负了伤，带着部队隐蔽在山上，便执意要同两位红军一道赶来看望一下。

"王永信看了看我的脸色，发现极不正常，便主动安排我到南吕的一个只有几户人家的小山村里养伤，其他红军由副大队长胡友军带领在附近一带活动，没想到在这里也遇上了一小股国军，一仗打下来，自己伤势更重了不说，队伍还走散了。自己则顺着煤油灯的一点点灯光找到了这间药店，哪知道一进门就不省人事了。"

程德汉的故事讲完了，宣福常也哭成了泪人。

程德汉忍着疼痛轻轻地用毛巾擦干了宣福常的眼泪，而后握着宣福常那双小手说："福常，革命哪有不牺牲的，你别伤心，我选择了革命，就选择了随时准备牺牲！"

听程德汉这么一说，宣福常更感受到了眼前这个一表人才的男子汉是一条硬汉子，于是严肃地说："德汉大哥，我也想跟你去当红军！"

程德汉考虑到宣福常是一名女医生，加上当时革命处于低潮，所以他并没有马上同意她的请求，只是笑了笑说："那就努力创造条件吧！"

第二章

————— ★ —————

病床生爱互倾心

听了程德汉的鼓励，福常的工作劲头更大了，为了不让程德汉身上长出褥疮，她常给程德汉擦拭身体、按摩。不管是做什么工作，她都十分热情，丝毫没有畏难情绪。

一天，又到了给程德汉换药的时候了，福常像往常一样打开了她用布条包扎过的胸口的绷带，没想到平时说话细声细语的她突然大叫了一声："妈呀！咋搞的？德汉大哥你的伤口怎么溃烂了呢，而且还发出恶臭的气味？不行，我得马上把师母请来才行！"

话音还没落，她就跑到隔壁师母药店里去了！

"师母，师母，您得赶紧去看看德汉大哥，他的伤口实在有些惨不忍睹了！"

师母放下手中的药单子，就大步来到了程德汉病床前，躬身查体，发现是因为伤口感染过重，包扎的患处化脓了。

于是，她叫福常先给程德汉清疮、消炎。

福常不由分说就把镊子、盐水、纱布拿来了，她一边给程德汉清洗伤口，一边怯生生地问："哥，疼吗？要疼你就喊出声。"

程德汉没有说话，只是摇了摇头。

福常轻轻地将药点到程德汉的胸口说："大队长，我虽然是个医生，不过还是一个学徒，没有出师的，要是弄得不好，你千万别责怪我呵。"

程德汉说："什么？福常，你刚刚叫我什么来着？昨天你不是叫我哥吗？"

"你本来就是大队长嘛，平时别人不都这么叫你吗？"福常扫了一眼程德汉那窘迫的脸庞，猛然发现自己有点言不由衷，她的脸唰的一下就泛红了。

"叫哥，是你表哥，我是在去你家走亲戚的路上被国民党的兵用枪打中的。"程德汉又说。

"哥。"一声"哥"叫下来，福常手里的药棉突然显得更加柔软了，这是一种爱的传递。

福常中等身材，五官端正，虽是一身粗布衣裳，却也难掩年轻姑娘如花般的美丽。她心细手巧，粗活细活，家里家外的活计都做得游刃有余。这一切早已被程德汉感受到了！

宣福常每天天没亮就起了床，忙着挑水，张罗着煮饭，跑到猪圈喂猪，一有空的时候还会在屋前屋后打扫卫生。

等到这一切家务活都干完之后，她不是坐下来歇着，而是端了一碗稀饭来到程德汉的床前一勺一勺地喂给他吃，赶上要换药，她就会悉心地把药换完之后再下地干活。

中午的时候，她一定是先伺候着程德汉吃完午餐，自己才吃几口半凉半热的米饭。放下筷子，她顾不上休息片刻，又背着扁担砍柴割草去了，下午忙完地里的活回来，又赶忙为程德汉喂饭，擦拭身子。

为了让程德汉吃得好，她想办法换着不同的菜式，尽管是粗茶淡饭，她也做得可口。有时候煮些蕃茨、芋头、毛薯之类杂粮，给程德汉换口味，生怕程德汉吃不好饭，睡不好觉。这一切也让程德汉感受到了她的善良！

养伤在宣家，程德汉享受到了他有生以来没有享受过的温暖。虽然小时候阿母曾给予他莫大的母爱，可是长大之后，他就一个人闯荡江湖了，有过漂洋过海的经历，也曾走南闯北，可无论走到哪里，他都是孤单的，一个人的日子实在令他有一种难以启齿的凄凉。参加红军后，风里来，雨里去，在枪林弹雨中出生入死，病了自己受，伤了自己忍。如今，福常无微不至地照料他，怎能不让他感到一阵阵的暖意呢？每当夜深人静的时候，他常常会为身边有这么一个如花似玉的姑娘而感动得泪流满面。

每当这个时候，不知内情的福常总会温柔似水地问上一句："哥，你的伤口是不是很疼呀？要是实在疼得难忍的话你就干脆大声地喊出来，那样就一定会觉得轻松一点。"

种种突如其来的关怀，使得程德汉不得不在他和福常独处的时候小心翼翼地问上一句："小妹呀，我问你一个问题好不？"

常福笑了笑说："你想问什么？不都是自家人啊！问吧！随便问，我都会如实回答你。"

"你为什么会对我这么好呢？"程德汉说完脸热乎乎的。

宣福常瞪大眼睛说："你怎么这么说话呀？你不是我哥吗？妹妹对哥哥当然要好了吧！"

"好妹妹！大哥让你受累了。"

"我算得了什么呀？大哥你带兵打仗，为咱穷人流血受伤，这才是叫辛苦呢。"

"哎呀！长期居住在你们家，给你和你的家人添麻烦了。"

"我们不是兄妹一家人吗？你还说什么添麻烦呀。"福常小声地说。

"福常，你说我们是一家人对吗？"程德汉重复了一遍。

福常一听，脸涨得通红，轻轻地说："大哥，看你的坏样子！"

"我怎么就坏了？我是真心感谢你呢！"

两个人一阵欢声笑闹之后又恢复了平静！

又到了该换药的时候了，福常将镊子在盐水中浸泡一会儿，小心翼翼地把绷带解开，她的每一个动作既十分娴熟，又不失轻巧和细致。做完护理之后，她还会在程德汉跟前哼着小调，每当这个时候程德汉都会有一种眩乎之感，当没人在他身边的时候，他会脱口而出："可爱的常妹妹，你真美！"

师母是一个事事诸细的人，两天没有见福常在她身边说说笑笑了，便觉得这个姑娘似乎多了一桩心事，决定去找她聊聊天。

一进门，她看到了红光满面的程德汉，惊讶地说："小老弟，这段日子以来，你的伤痊愈得好快呀，真的是出人意料。"

程德汉说："多亏了你们夫妇的关照，要不是您医术高明，南昌墟老市上的人好、水好，我也许就没有今天了。"

"小兄弟，你此言差矣！你应该更多地感谢咱们福常姑娘的悉心照料才行！"师母快言快语地说。

这时福常的脸蛋一下子红润起来了，慢条斯理地说："师母您客气了，不是您慷慨解囊相助，他哪有钱买得起药哟，我看所有的功劳全部归您和师父才行。"

就在这时，原本被打散的副大队长胡友军化装成商人也来到了这个老市，并通过药店曾医生找到了程德汉，战友相见，长拥不放，二人散开之后便失声痛哭起来。

十多分钟过去了，他们还在抽泣，这时师母说话了："战友见面，激动自然可喜，但不宜长悲！对不？德汉？"

程德汉一听也是，马上停止了哭泣！

　　为了迎接兄弟的到来，加上春节将近，程德汉更加高兴了，第二天一大早，他就起床了，将院子里扫得干干净净。

　　海南人过年，很讲究，首先把屋前屋后、屋里屋外打扫得干干净净；然后，合家来到厨房一起做年糕，等着年三十晚的团圆饭。福常干活回来一见程德汉打扫院子，一把将扫把夺过来说："哥，你怎么就这么不听话？扫什么地嘛。你们男人干这个活，不叫人笑死我们女人了？何况身体还没有完全恢复，不要干这些体力活嘛！"福常说完，就执意推着程德汉躺到床上休息去了。

　　"让我活动活动身子不行吗？"程德汉嚷嚷着说。

　　"不行，我不能让我哥累着。"福常噘着嘴说。

　　经过两三个月的朝夕相处，随着程德汉身体渐渐恢复，福常显得越来越"霸道"了。常常不准他做这个，不准他吃那个。而程德汉也显得非常听话，简直就是百依百顺。

　　福常那少女的心变得越来越复杂、越来越微妙了。德汉的身体越来越好，让她心里感到高兴，可是也让她越来越觉得若有所失，魂不守舍。她越来越觉得离不开德汉了，一时半刻，看不见德汉的身影、听不到德汉的声音，心里就有一种空落落的感觉。她对程德汉的称呼也变了，开始是"大队长"，后来是"表哥"，再后来是"哥"，现在是叫"德汉"了。

　　程德汉也非不食人间烟火，他懂情重义，他有过父母爱、兄弟爱、战友爱、师长爱！这些天来，他又深深地感受到，他还需要一种爱，那就是爱人的爱，一种与一个女人心心相印的终生厮守的爱。他隐隐感觉到，眼前这个姑娘一定也想给他这样的爱。

　　福常为程德汉做了蕃茨粑，坐在小凳子上看着程德汉吃，问："德汉，你家在哪里？都有些什么人？"

　　程德汉说："我家在琼乐会的官塘村（现琼海市嘉积官塘村），

红色奶奶

离万泉河边不到一里地，我出生在万泉河畔，是喝着万泉河的水长大的。我爹妈生下我兄弟三人，大哥叫程德江，老弟叫程德河，从小我就没有姐妹。福常，你就当我一辈子亲妹妹好吗？"

"我不当，要当就当……"

"当什么？"

"你问我爹我娘去吧。"说完，福常一溜烟跑得无影无踪了。

除夕到了，没想到副大队长胡友军和王永信领着战友们找程德汉来了，他们不但带了一些钱物，还带了不少战利品，大家决定在这个小镇的老市上过一个快快乐乐的新春佳节。

程德汉是从战斗走来的，已经多年没过新春佳节，他心里十分明白，当前是革命低潮，时时刻刻都要把"安全"二字放在首位，于是他将四周布上固定哨兵，另外加上两个流动哨，以防不测！

这些防范工作做完之后，程德汉便和大家一道杀猪宰羊。不过看似优哉的他心里却吊着一块石头，因为在他的队伍里一直有一个人放心不下，这个人叫做"沈亚福"。他一边忙碌一边把副大队长胡友军叫到了跟前小声地问道："副队，那个'沈亚福'最近表现得怎么样？"

副大队长胡友军说："自从我当了副大队长后，他的脸总是阴沉沉的，有两回他在夜里想偷偷离开队伍，但都被人碰了一个正着，所以一直没有逃跑成功。"

程德汉吩咐说："派两个同志盯着他。"

吃年饭了，红军把村子里其他几户农家也请过来共餐。红军们燃起几堆篝火，大家分成几组围着篝火摆上年饭。村子里头的人从来没见过这样的场面，也都纷纷拿出家里的年饭加入红军的团圆饭当中。大家围坐一起，欢笑声、祝福声此起彼伏，顿时，整个老市沉浸在吉祥愉快的氛围之中。

　　一阵鞭炮声响过之后，程德汉站起来对大家说："同志们，乡亲们，今晚我们军民一起过团圆年。借此机会，我首先感谢乡亲们对我们红军的支持与关心，感谢我的救命恩人曾医生一家的慷慨相助，还要感谢活泼美丽的宣福常姑娘和她的家人。"程德汉的话声一停，篝火旁就立即响起了热烈的掌声。

　　这时，只看到程德汉举起一大碗酒说："我平时不会喝酒，但今天开个戒！现在请大家举起酒碗来，为了我们的革命早日胜利！为了我们的红军队伍更加壮大！为了我们的革命烈火早日燎原！为了我们各位战友及你们老家的父母兄弟姐妹早日过上正常人的生活！为了在座各位父老乡亲们的身体健康，平安幸福！请大家举起酒杯，来！干一杯！"

　　程德汉的祝酒词之后，大家开怀吃饭喝酒，兴奋之际，有的红军唱起了当地的歌谣，有的跳起了"盅盘舞"，有的跳起了"竹编舞"。

　　大家正闹得高兴的时候，福常的阿爸突然站起来大声地说："请大家静一静，请大家都静一静。"等大家安静下来后，宣父大声说道："我在这里要告诉大家一件我们家的喜事，我决定把我的女儿宣福常许配给程德汉大队长。"

　　话音刚落，人群中爆发出一阵阵"好哇，好哇"的欢呼声，红军们把羞得跑开的福常找来，又把程德汉大队长推到宣福常身边，一齐叫着、笑着、起哄着。

　　副大队长胡友军走到人群中间，高声说："请大家先别闹，我现在提议，择日不如撞日，况且今晚是大年三十，是最好的吉日子。那么，我们大家就为程大队长举行一个隆重的新婚典礼，大家说，好不好？"

　　大家齐声应道："好！好！好！非常好！"

　　副大队长胡友军一本正经地担任司仪，他接下来大声地宣告："请

红色奶奶

岳丈岳母就座，请新郎新娘就位；婚礼开始，一拜天地，二拜高堂，夫妻对拜，请两位新人与大家一起吃完饭，再送入洞房。"

副大队长胡友军这一"突然袭击"，弄得程德汉和宣福常及其准岳父母一时慌乱失措，但也非常高兴。红军们和乡亲们笑着闹着，一直乐到二更时分，叫着拥着把新郎新娘带进洞房，也就是程德汉养伤的房间。

宣父宣妈为女婿女儿点起一对红蜡烛。福常一脸幸福，仰起红通通的脸，轻声问道："德汉，你高兴吗？"

"怎么？你不叫我哥？"

"我就喜欢这么叫，叫'德汉'心里甜。"

"好，那就叫，那就叫。"

"人家问你高不高兴，你还没回答我呢，德汉，你高不高兴？"

"高兴，高兴。"说着，程德汉将宣福常一把抱在怀里，送上了他那深情的一吻。

门外，红军们、乡亲们一齐欢跃。

第二天天还没亮，程德汉就把熟睡中的妻子轻轻地推醒了，并在她耳边说："福常，我要跟你说件事，日后要是有人问你叫什么名字，你怎么回答？"

福常不假思索地说："我一切听哥哥你的主意！"

程德汉是在革命摇篮里摸爬滚打出来的，为了保护好有过救命之恩的妻子，他早早地为宣福常取好了一个革命的名字——宣传常！其意是希望妻子日后多多对外宣传红军的主张，为革命做力所能及的大事！为了宣传红军精神，传承革命意志，德汉和福常商量，让福常改名为"传常"。福常乐意地接受了。

传常微笑着点头，她觉得自从与程德汉走进洞房那一时刻起，自己走起路来都满心欢喜。加上程德汉总会时不时地教她一些战争常识和革命道理，她更感受到了自己身边的这个男人是有担当、有责任、有智慧、有抱负、有理想的。

　　然而就在传常沉醉在新婚的喜悦之中时，程德汉收到了准备战斗的指示，于是他找来妻子商量说："传常，我马上就要出发参加战斗去了，你跟爹娘和师父师母待在这儿，等战斗胜利了我再来接你好不？"

　　传常一听泪水马上就流出来了，她望着程德汉说："我不，要走一起走，要打仗一起打仗！"

　　程德汉急了！

　　一个男人怎么能把自己的妻子送到敌人的虎口呢？

　　这时，他显得更加冷静，轻轻地把传常搂在怀里，亲了亲她的嘴唇，然后恋恋不舍地望着传常说："传常，战场上的子弹和炮壳是不长眼睛的，我一个大男人都不能保证自己平安无事，要是带上你，我怎么能保证你的安全呢？"

　　"当家的！我是你的妻子，你的生死就是我的生死，你的幸福就是我的幸福，你荣我荣，你耻我耻！不管怎么样，既然缘分让我们在一起，我就不能离开你一步！"传常的话句句在理，程德汉没有一丝余地可以反驳她。

　　他拍了拍传常的肩膀说："阿妹！我程德汉这一辈子没有看走眼，你果真是一个外柔内刚的女汉子！既然要跟着我去上战场，那就要先学几招战术，目的是保护自己。"

　　程德汉边说边做，"当听到枪声后的第一反应就是要立即趴下，也叫卧倒，而后迅速观察旁边最近的地形，接着选择就近的可以遮挡自己身体的物体如大树、土坎、石头，紧接着就是出枪瞄准敌人对其进行射击。

　　"当敌方人多时，不要恋战，要选择躲避或者转移，这样做的目的就是先保存自己的实力，而后在适当的时候再进行战斗！

"要是与部队在战斗中走散不要惊慌，要马上对自己进行化装，要么扮作捡柴火的，要么扮作挖山药的，要么扮作摘槟榔的，总之一句话，就是要十分冷静，不管对方问你什么问题，你在不确定对方是好人还是坏人的情况下就什么也不要说，只是摇头即可！

"在战斗中走散，你要记住一条，每一棵树最粗糙的一面是北方，而后分清楚上北下南左西右东，按照这些方法就不怕在深山老林里走失了，知道吗？"

传常一边点头，一边专心地听着。

程德汉见妻子听得十分认真，他心里暗自高兴，心想这也是一个好战士。

没等程德汉说完，传常就插话了："德汉，我也有话要讲！"

程德汉乐了，高兴地说："那你说来听听！"

"你看吧！刚才你讲了这么多，都是一些战斗常识，德汉你别忘记了，战斗是有伤员的，我就是救治你部队伤员的最好保障呀！对不？"

程德汉一把抱住妻子在原地高兴地转了三圈，而后望着她白白净净的脸蛋说："阿妹，那你也教我几招吧！"

宣传常开始娓娓而谈起来了。

她说，战斗中如果四肢受伤流血的话，第一时间把上肢包扎紧，不让血流得太多，大约一个小时放松一次，防止肌肉坏死。胸背部受伤了的话，先用布料把伤口挡住，而后脱下自己的衣服把伤口处用力捆绑起来，防止伤口再次受损。

要是天热拉尿不畅，或者尿痛，这大都是热气过重，煮上三棵车前草喝上一两碗汤就解决问题了……

传常的声音如磁石一般吸引着程德汉的心，他在心里告诫自己，今生今世一定要好好珍惜这个女人，好好保护这个女人，这是上苍给他最好的礼物！

　　想到这里，他又一次深情地把传常搂在怀里，小声地说："阿妹，我已经接到任务。请你马上去找一下你爹娘，跟他们二老去告个别，明天凌晨三点我们出发参加战斗！"

第三章

★

豪情斗志源于战

1932 年 7 月，国民党警卫旅旅长陈汉光率部对琼崖苏区进行大
"围剿"。此时，琼崖军民奋不顾身，英勇抵抗，最终因寡不敌众，
加上武器装备悬殊，反"围剿"最终失败。红军将领冯白驹带领党
政军一百余人在母瑞山恶劣的战争环境下，与敌展开周旋，最后仅
剩下 25 名英雄。他们胸怀崇高的革命理想，在母瑞山革命根据地过
着"野人"般的生活，坚持 8 个多月艰苦卓绝的斗争后，于 1933 年
4 月突围回到琼山县革命老区，革命火种再次得到保存。

消息很快就传遍了海南大地的革命队伍，1935 年春节一过，程
德汉大队长决定立即归队备战，为下一次战斗的胜利赢得先机，为
琼崖革命的胜利打下更加坚实的基础。

这时，刚刚结婚不久的宣传常也随红军加入了革命行动，成为
红军大队唯一的一名女性队员，在革命队伍中，她的主要工作就是
为红军官兵治病扶伤，是一名编外的医生。

部队从屯昌出发，白天他们把大部分人马隐藏在偏僻的山岭，
派少数立场坚定、思维敏捷、灵活的红军战士化装成商人、车夫、
苦工到前方，沿途搜集各方面的情况，发现哪里有地主恶霸专门欺

压民众的，他们就在深夜趁其不备将其一举消灭。

一路经过澄迈、定安等地时，他们接二连三地消灭了一些反对红军的反动势力的骨干分子和骨干队伍，哪里有土豪恶霸，他们就把战场开辟到哪里。正因为有了灵活机动的作战方法，他们的队伍也就逐渐地得到了发展壮大，从战后的十多个人发展到了现有的四十多人了。

同时，程德汉还与王永信一直保持着紧密联系。

一天，王永信又一次秘密地找到程德汉说："程大队长，特委冯白驹书记他们在琼山一带进行革命活动，命令你们开赴乐万六连岭地区，支援那里的斗争。因为我另有任务，不能和你们一起走。"

"我们坚决完成特委交给的任务。"程德汉请王永信向特委转达他们的决心。当夜，程德汉就带领部队向五指山地区转移。

程德汉他们昼伏夜行，几天之后，就来到了百花岭。

百花岭地区是红军政委冯国卿的家乡，有十分可靠的革命基础。一天夜里，程德汉带着宣传常和其他两名红军官兵化装成一伙商人到当年的一堡垒户家去打听情况，没想到敲了半天的大门，里面却没有一丝动静，程德汉不由十分纳闷儿，咱们的革命群众怎么会把我们拒之门外呢？

这时，宣传常提醒道："德汉，会不会是有什么误会，人家害怕咱们红军了？"

程德汉说："咱们的革命堡垒户绝不会被敌人吓到连开门见我们都不敢了的地步吧？可是，他们为什么把我们拒之门外？"

程德汉寻思，从百花岭再过去一个山头就是六连岭的山脚下了，要是不弄清情况，贸然行事的话会不会遭到不测呢？

宣传常看出了程德汉的心事，她说："要不先派两个红军下到周围的村庄去打听一下情况，我们两个人先在附近的山林里隐蔽起来？"

程德汉觉得妻子的话在理，于是就命令几名红军战士趁着夜色下山去了。

他带着妻子在这个堡垒户家后院躲藏起来。

傍晚时分，橡胶园里走出来一个衣衫破烂的老年男子，他一手提着砍刀，一手提着木桶，一个人无精打采地靠近了家门。程德汉给妻子做了一个不准出声的手势，一个人走近了这户人家。

"大叔，还认识不？"

"怎么不认识呢？不过你以后就别来找我们这些穷人了，你们这些红军同样不是什么好鸟！"这名老年男子略带气愤地说道。

"大叔您一定是误会了，我程德汉刺骨为证！"说完用随身携带的尖刀就要向自己的手臂刺去！

一时间程德汉左手臂上血大滴大滴地往下滴。大叔见状，一把夺过程德汉手中的尖刀，紧紧地捂住了他的伤口，闻讯赶来的宣传常不由分说地给程德汉做了止血和包扎。

就在大叔疑惑不解时，程德汉上前解释道："大叔，这是我的新婚妻子宣传常！"

老年男子点了点头说："使不得！真的使不得！你们俩到我屋里细说吧！"

"究竟发生了什么，您方便告诉我吗？"程德汉开门见山地问。

"红军同志，是这样的，前段时间来了一群穿青衫的人，一个个摇头晃脑地说红军是吃人的队伍，专门吃婴儿，特别是男婴，所以我们这里的老百姓白天都不敢待在家里，只有晚上才会壮着胆子回到家中。"

"那他们的头儿叫什么名字？"宣传常惊奇地问。

"好像姓'程'，叫什么德江来着？"

就在程德汉不知所措的时候，刺探消息的两名红军也回来了，他们上气不接下气地说："大……大……大队……长，我知道消息了，前几天有人冒充我们红军在这里杀了好几个人。"

"别急，你慢慢说，到底发生了什么？"

这时，一位红军告诉程德汉他们在椰林里遇上一位雇工，便上前和他搭讪，并对他说：

"师傅，你别怕，我们是红军。"

"红军？"

那雇工一听是红军，马上就浑身发抖了。

"他害怕红军？"程德汉问。

那人突然镇定了一下说："怕是死，不怕也是死。就是程德江来了我也不怕。"

"程德江？他也认识程德江？"

"不是的，是在前几天说是有一个叫'程德江'的人来到这个村子，他说自己是红军排长，要找村里的共产党员了解情况。可奇怪的是，找到村里的那几个共产党员之后，他和他的随从一见面，就立刻被他带的那帮青衫仔给杀害了。村里的人看在眼里，恨在心里，真的想把这个叫'程德江'的红军给活活地剥了皮。"那雇工咬牙切齿地说，他还回头问我："你们也是'程德江'的部下？想把我怎么样，来吧。"

"胡说！我们程排长早就牺牲了，你不能血口喷人。"一个红军气愤地告诉他。

"牺牲了吗？那就是活见鬼了！"那雇工瞪大了眼睛，"前两天还在我们村耀武扬威，怎么就死了？真是该死……"

"事情的原委是这样的吗？这位大哥？"程德汉看了看屋里的主人，又看了看这两名红军，而后转过头跟屋里的主人说："大叔，咱们商量一下，趁着天黑，你帮我们找一下那个叫'程德江'的人怎么样？"

大叔犹豫了一下问道："你姓什么来着？我一下记不起来了！"

旁边的红军说："这是我们红军大队长程德汉，真正的红军排长'程德江'是他的哥哥，早在去年就在多异岭的战斗中牺牲了。"

"哼！这个狗骨头！好，你们明天帮我去割胶，我帮你们去找那个假的'程德江'去。"大叔说完就独自下山去了。

过了两天，大叔急急忙忙地跑上山来跟程德汉说："红军首长，快，那个假'程德江'在西坡村带着十来个人包围住一间屋子抓人呢。"

程德汉叫一位红军回去把队伍拉来，他自己在那位大叔的带领下，径直向西坡村飞奔而去。

在西坡村里，果然有十来个穿着青衫的家伙冒充自己是红军，正抱着柴草要放火烧房子。一个家伙持着驳壳枪喊道："快出来投降，再不投降，我们就放火，活活烧死你们这帮狗杂种。"

村民指着那家伙说："这说话的就是那个假的'程德江'，你看清楚了吗？"

程德汉点点头，小声地说："大叔，你自己躲一躲，看我怎么收拾这帮浑蛋。"

程德汉给妻子和另外一名红军使了一个眼色，小声地说："你们俩埋伏在这里，当我把那个假'程德江'干掉后，你们就冲上前来杀他一个措手不及。"说完，他独自朝那位"程德江"靠近了，走到跟前说："程排长，我们又发现了村头第三个茅屋里藏着八个红军首领。"

"什么？又发现八个？我们先干掉这几个，再去找他们算账。"那个自称是"程德江"的家伙大声地说。

这家伙话还没说完，程德汉趁其不备一个箭步站在他的跟前，掏出双枪"砰""砰"两枪就把这个家伙送上了西天，接着他大声喊道：

红色奶奶

"我哥程德江早就牺牲了,你给老子见鬼去吧!"

"你,你……"

这家伙说了两个"你"就倒地不起了!

宣传常和另外一位红军这时也冲上前来挥枪向其他几个假红军开火。

就在这时,副大队长胡友军带领部队正好也冲杀过来,那些不知所措的国军一时没有觉察出来就上西天了,其他反应迅速的假红军一个个也吓得弃枪而去。

这时,村子里被吓得魂不附体的村民一个个围了过来,连忙感激万分地说:"红军同志们!多亏你们救了我们这个村的村民呀!"

村民气愤地对程德汉说:"大队长,这帮狗骨头竟敢冒充红军杀了我们好些个无辜的乡亲呀,真是罪大恶极!你们是真正的红军,我们能不能也参加你们的红军队伍,与你们一道杀死这帮狗骨头!"

"好!我们欢迎你们!"程德汉立即答应了他们的要求。

就在这时,宣传常跟程德汉说:"德汉,我有个建议,号召这个村庄的左邻右舍相互转告一下,叫他们相信真正的红军是不杀老百姓的!另外,还要张贴布告:反动派胆敢冒充我红军胡作非为,格杀勿论!署名为红军大队长程德汉。"

宣传常的建议马上得到了在场老百姓的拥护,自然也得到了程德汉的大力支持。

经过一番询问,原来刚才被围困的三位同志也是前期被打散的红军官兵,当地国民党汉奸队伍为了围剿我红军余力,出此毒招,这次见到自己的红军队伍,他们三人一齐要求重新加入队伍,一起到六连岭攻打匪徒。

眼看着一场战斗下来增加了十多位红军战士,程德汉高兴得一时忘记了自己的刀伤,倒是宣传常在一边说:"德汉,你的伤口还在流血,该去上点药了,要不伤口感染了就不能更好地指挥打仗了!"

妻子的关怀让程德汉十分感动,一场战斗下来不但增加了兵力,还消灭了敌人,更重要的是身边有这样一位体贴入微的妻子,她不但能在战场上帮自己出谋划策,同时在关键的时候还可以助他一臂之力。他深情地望着妻子,久久地凝视着她的双眸和脸蛋……瞬间他一个人沉醉在幸福的回忆当中……

"你在想什么呢?快点!伤口都流血了!"宣传常大声地喊道。

就在程德汉恍惚的时候,宣传常早已把随身携带的药包打开,为他擦拭伤口,眼泪流了下来。程德汉见状,连忙摸了摸她的脑袋说:"喂!阿妹哭什么呢?这点伤痛算不了什么?况且呢,当兵打仗哪有不流血的嘛?只要你笑一笑,我就不痛。"

听程德汉这么一说,宣传常果真"扑哧"一笑就停止了泪水。

一天,天刚刚亮,程德汉就带着部队从西坡村转移到六连岭,可是不知村民从哪儿得来的消息,一个个一大早就前来为红军官兵送行,人群中有的手里捧着鸡蛋,有的提着家里唯一下蛋的老母鸡站在十字路口,怎么着也要往宣传常他们红军的怀里塞,可是宣传常心里十分清楚,这里的村民一个个比自己家穷十倍百倍,所以她和红军官兵们谁也不肯收下,有的乡亲见状流下了两行热泪,他们深深地懂得,真正的红军是不欺负老百姓的。

面对大家的热情,宣传常一一致谢,并一个个去动员他们参与到打倒地主和恶霸的斗争之中,同时还鼓动他们向自己的亲朋好友宣传红军为人民服务的壮举!

为了不暴露红军大队的行踪,宣传常在程德汉耳边悄悄地说:"德汉,我给你出个主意,你和副大队长胡友军穿上便衣,充当队伍的向导,然后你们把红军战士分成两组,一组由你带队,一组由副大队长胡友军带队,你在前面带路,他在后面压阵!这样的目的

主要是保护好这支队伍的领导不被敌人发现,这既是革命的需要,又是所有人人身安全的需要!"

程德汉觉得宣传常的话在理,便立即和副大队长胡友军一道在树林里换上了一身便衣,而后将队伍分成两组,白天他们出没在深山老林,天黑的时候他们又出没在万泉河畔,由于长途跋涉,有的红军官兵脚上磨出了血泡,有的磨掉了脚皮,宣传常总会一一为他们及时处理。经过连续几天的行军,两组成员终于先后到达了六连岭的苗村。

苗村地处偏僻的山地,此处易守难攻,对地形地貌不熟悉的来犯之敌都成了瓮中之鳖,所以这里是红军开展革命斗争的最好基地,加上这里的群众革命积极性非常之高,之前的革命基础非常扎实,几次来犯之敌都被这里的苗胞们一一制伏。

红军大队的又一次到来,给这个苗村又一次带来了一份欣喜。他们纷纷前来告诉程德汉,上次来六连岭的红军虽然生活十分艰苦,但是战斗却依然勇猛无比。

一天,当地苗民因害怕敌人的屠杀,纷纷躲进了一个石洞,在这生死关头,在场的二十余名红军官兵为了保护当地的苗民,在被敌人围困了十天之后,有十多个红军与敌人交火,把敌人引出了石洞,然后在石洞口引爆了炸药包,与敌人同归于尽了。这里的二十多个苗民得救了。

在旁边的宣传常听了苗民们的述说,心里如同打翻了五味瓶,心想那些英勇就义的红军官兵为了人民的利益,敢于牺牲自己,敢于同敌人展开生死搏击,其精神是多么的高尚,其行为是多么的勇敢!日后的工作中自己一定要以他们为榜样,英勇无畏!

就在宣传常独自沉思的时候,远处跑来了一个上气不接下气的小男孩,他一边跑,一边大声地喊道:"红军叔叔,我发现附近有敌人一个据点，大概有二十多个敌人，每隔几天他们就会强迫我们山上的苗胞给他们送肉送菜，还把我爷爷给打伤了，你们快去收拾他们吧！"

程德汉走到这个小男孩跟前，和颜悦色地说："小朋友，谢谢你为我们红军提供敌人的情报，以后长大了也来当红军吧！"

小男孩一听自己也可以当红军，心里格外高兴，立即大声问程德汉："现在可以不？"

一边的宣传常见这个只有十四五岁的小男孩长得虎头虎脑，忽然眼前一亮，问："小朋友今年多大了？"

"我十三岁了！"

"十三岁还不能当红军吧！个子这么小，枪都比你高嘞！"宣传常笑哈哈地说。

"小阿姐，我是苗胞，这里的地形我熟悉，要是我当了红军的话，一来可以给红军当向导，二来可以给红军送信、放风！"机灵的小男孩摇晃着脑袋瓜，一本正经地说。

"可以可以，不过你年龄确实是小了一点，要不还是蛮合适的！"

宣传常话音一落，这个机灵的小男孩就抢着伶牙俐齿地回答道："我看这里也就你一个女同志，不也没问题吗？我小有小的用嘛！"

"你的理由还是蛮充足的啊！应该算得上是一个好主意！"在一边的程德汉大队长边说边拍起了手。

"首长你是同意我留下来了吗？"小伙子目不转睛地盯着程德汉的眼睛问道。

"小鬼，你叫什么名字？"程德汉问。

"我姓胡，不过我们这里的人都叫我猛子！"小伙子说。

"好的，猛子，我问你一个问题：你为什么要当红军呢？"

"我要为我爷爷报仇，为我们苗村的老百姓报仇！"小伙子握

红色奶奶

紧拳头，斩钉截铁地回答道。

"好的！我们先收留你，看你的表现！"程德汉大声地说。

胡猛子一听，高兴得跳了起来，边跳边喊："我也要当红军了！我也可以杀敌人了！"

他天真无邪的童音回荡在苗村的沟沟坎坎，他的笑声飘扬在万泉河畔。山笑了，水欢了，宣传常更是乐得合不拢嘴了。因为她深深地懂得，一个受尽了压迫和剥削的人对革命队伍是情有独钟的。她为小猛子高兴，建议程德汉把这小家伙留在身边干一些他力所能及的事。

正在这时，小猛子突然问："首长同志，那我的任务是做什么呢？"

程德汉看了看妻子宣传常，又看了看小猛子，而后谨慎地说："胡猛子同志，你的任务是协助宣传常阿姐的工作，和她一道负责我们红军大队的卫生、伙食等后勤保障工作，你知道了吗？"

"明白！我一定听阿姐的话！把红军大队的后勤保障工作做好，平时多干活，战时多搬弹多杀敌！"胡猛子最后一个字拖得长长的，对敌人内心的仇恨溢于言表。

"小猛子，你算是加入红军的队伍中来了，下面我命令你马上去通知副大队长胡友军带领全大队的人紧急集合。"

小猛子一听，高兴坏了，像个弹弓似的弹出去。

副大队长胡友军和其他人不到三分钟的功夫就全部到齐了，这时，只见程德汉一字一句地说：

"同志们！下面我来分配任务，大家听好了！副大队长胡友军带着部队埋伏在敌人据点附近的山林里，我带上小猛子和其他三个红军化装成苗胞给国军的据点去送鱼送肉。当大家听到敌人据点里的枪声响起之后，副大队长胡友军你就带着人马从外攻进，我们来一个里应外合，打他们一个措手不及！大家有没有信心？"

　　瞬间，苗村里传出了震耳欲聋的喊声："有！"

　　第二天一大早，太阳刚刚出山，在苗胞胡猛子的带领下，程德汉带几位红军挑着鱼肉、鸡鸭、蔬菜和木柴，往敌人据点走去。

　　敌人哨兵见是熟人小猛子像往常一样在前面带路，也就没有过多地在意。程德汉和红军官兵们一道，一人挑着满满的一担食材来到了洞里。敌人看着这一担担的美味食材，一个个流起了口水，他们哪里想到我们的红军官兵是给他们送炮弹来了呢？就在他们一个个望着这一担一担肉菜高兴得眉开眼笑时，五六名红军官兵一齐举起了他们手中的枪支，朝着这帮还沉浸在喜悦之中的敌人开火了，外面副大队长胡友军和他的队伍听到枪响后，马上封锁了洞口。

　　这时，程德汉命令机枪手架起机关枪，打出红军大队的旗子，吹起了一阵阵冲锋号，洞外的副大队长胡友军则带领部队向敌人一齐冲杀而来。

　　敌人只听见我军冲锋号嘹亮地吹响，喊杀声响成一片，不知我军多少人马，抵抗一阵之后，便慌忙从四周那些大大小小的天然山洞口逃去了。

　　一仗下来，我军大队又击毙了十多个敌人，缴获他们十来支枪。

　　可就在这时，队伍里突然不见了刚刚加入这支红军部队的小猛子了。

　　程德汉见状，立即命令副大队长胡友军带队从一个个天然的山洞口往外追击，自己带着十多名红军以最快的速度冲向了山头的最高点。

　　小猛子对地形熟悉，他一定不会走丢，关键是他为什么不见踪影了。而小猛子则在战斗打响的那一瞬间，一眼就认出了经常欺负他爷爷的那个"二蛋子"了，于是他就一直追着那个"二蛋子"打。"二蛋子"，其实只是当地的一个狗汉奸，个小，人懒，好吃，经常调戏村里大大小小的妇女，今天有机会在这个山洞里与小猛子相遇，真可谓是冤家路窄。

小猛子刚刚来到红军部队，他手无寸铁，程德汉自然担心他，但是，小猛子这次吃准了的是"二蛋子"对这个苗村里的地形不熟悉，所以，他就觉得自己有制胜的绝大可能！于是在战斗打响后，他就紧紧地盯住了这个"二蛋子"，并一直跟踪着他在山洞里的走向。

汉奸，汉奸！自然是又假又奸！他一听到枪响，早就跑了，可万万没想到的是，他今天遇到了自己的对手小猛子！

跟在后面的小猛子一会儿向他丢一个石头子，一会儿装作几声鬼哭狼嚎。弄得他走也不是，坐也不是，几个回合下来，吓得魂不守舍。

就在这时，好戏上场了，小猛子一个飞腿踢飞了他插在腰间的手枪，而后从背后就是一拳，把"二蛋子"打入了山沟沟里，痛得他嗷嗷直叫，这叫声马上引来了大队长程德汉和他的红军队伍，"二蛋子"就这样束手就擒了。

然而，"二蛋子"掉到山沟里时，小猛子一不小心被脚下的石头绊了一下便摔倒在地，头被地下的尖石头扎了一个丁字口，瞬间血流不止，伤口凸起。

当程德汉大队长找到他时，他已是满脸血迹。

宣传常见状，先是给他止了血，接着给敷了一把草药。第二天一早小猛子又活蹦乱跳了。

红军的这一次胜利，再一次在当地苗胞的心中产生了深远的影响，当地苗民更加敬佩红军的勇敢和顽强了。

在这一辉煌时刻，宣传常决定带领当地苗民四处宣传，他们在十字路口张贴喜报，在集市和人员流动相对大的地方张贴标语，宣传红军主张。

捷报频传！红军的地位再一次得到了巩固。

事后，程德汉带着部队一会儿在会山，一会儿在和乐，不时又出现在大茂，或者在中原附近。接连十多次对敌进行了沉重的打击，消灭了一批又一批反动骨干，拔除了敌人的多个据点，敌人惊呼，红军主力什么时候又打回来了？敌人围剿六连岭的团长甚至于破口大骂国军首领陈汉光谎报军情，说什么红军主力已被消灭，可是他们却连连受到红军的攻击。

一连串的打击，敌人不得不抽出兵力来追寻程德汉的红军大队。而这一连串对敌人的进攻，极大地鼓舞了六连岭根据地军民的士气，他们也主动出击，灵活多变地与敌人打起了游击战。

经过大大小小的几次战斗后，红军大队不但抓获了敌人的三个伤员，还缴获了十条长短枪和一些药材。

消息传到了琼崖地区的红军将领冯白驹的耳朵里，他十分高兴地称程德汉是琼崖红军队伍之中的一员虎将。他让各县红军和地方武装人员向程德汉学习，并命令他们四处出击，一边恢复各地党组织、革命政权，一边惩处那些反动骨干。

有收获就要有付出，红军的伤员随即增多，宣传常的工作任务也不断地增多，加之缺医少药，救治红军伤病员的工作成了头等大事和难事。

急中生智，宣传常决定派出小猛子到山上去挖一些草药回来。小猛子愣了一下说："小阿姐，我怎么认识呢？"

宣传常没有说话，她在后山转了一圈，不到一刻钟，怀里就抱来了一大包草药材。而后，她一棵一棵地告诉小猛子这个药叫什么，那个药叫什么。

小猛子瞪着一双乌黑的眼睛看着，在心里记着宣传常说的药名。

"砰砰砰，轰！嗒嗒嗒，轰！"外面又响起了一阵激烈的枪炮声。原本沉静了几天的山谷又被震得摇晃起来。

红色奶奶

宣传常站起身来，大声喊道："小猛子！走，出发！"

宣传常扛着药箱，小猛子和其他三名红军战士抬着担架又跟着部队出发了。

外面的枪声特别清脆，一定是山顶上有情况，但是，程德汉马上断定不是当地武装，应该是敌人在追捕什么人，他安排副大队长胡友军和一部分人原地待命，自己带着十多个人就出发了。

抢占有利地形隐蔽之后，他突然听到一阵阵沙沙的树叶声，定神一看似乎是一张熟悉的面孔，于是他把手枪插进了枪套子，走近一看，原来是王永信！

王永信受伤了，他躺在一棵大树底下，手里的枪还在冒着青烟！

程德汉抱住王永信的头，大声地喊："小猛子、传常，快来，担架！担架！快来！"

宣传常等医护人员听到喊声，循声而来，一把就将王永信抬上了担架。

面对躺在病床上的王永信，宣传常犯难了，因为作为一个医务工作者她深深地懂得，王永信要面临一次手术，否则夹在他骨头之间的子弹是拔不出来的，而眼前又没有麻药；要是不把子弹取出来，他又将面临着极大的生命危险。

就在她左右为难的时候，她突然想起了一个办法。她将一把尖尖的钳子放进煮开的水里，而后让其随着沸水一道冷却，再将尖尖的钳子插在夹着子弹的骨头之间用力一张，再用镊子夹着那颗子弹一蹦，随着王永信"哇"的一声惨叫，子弹就从他的骨头缝里脱开了。

而在一边的小猛子见状，则急得像热锅上的蚂蚁一样，来回跑。一直到他听到子弹头掉在一个磁盘里"哐当"一声，他才止住脚。

看到宣传常脸上那一滴又一滴豆大的汗珠，小猛子的心一下子碎了似的。

他帮宣传常擦拭着汗水，痛心地说："姐！你辛苦了！看到刚刚这个伤口你的内心一定也很痛吧！"

宣传常没有说话，只是点了点头，确实，她的内心是悲痛的！但是为了心中的革命，没有人流血牺牲，又能谈什么胜利呢？

"机枪！机枪！快点上机枪。"就在把王永信手上的子弹取出来不到半个钟的功夫，他喊起来。

"小猛子，快去叫程大队长过来，王永信苏醒了！"宣传常大声地吩咐小猛子。

不到两分钟的时间，程德汉大队长带着副大队长来到了王永信的跟前，他关切地询问道："永信，好点没？"

王永信没有说话，而是用尽他的全部力气一个字一个字地说道："快……快……快转移！大批的敌人围过来了……"

听到敌人要来，宣传常二话不说就把担架搬到了王永信跟前，这时王永信打起精神，摇了摇头说："你们……走……不要……管……我……"

说完，他又晕了过去，宣传常没有听王永信的话，她一把把王永信抱上了担架。而后说道："小猛子，该你立功了！赶紧带着我们到一个最近的山洞。"

连伤员在内的红军大队十多个后勤人员，在小猛子的带领下抄近道顺顺利利地来到了一个杂草丛生的山洞。

放下伤员，宣传常就开始一个接着一个地进行巡诊。

小猛子跟在宣传常身后，要么帮她递一下镊子，要么就帮她牵一下绷带。宣传常来到一个小个子红军身边时，他看到宣传常十分麻利地给这名伤员解开了左臂上的绷带，没想到立即现出了

红色奶奶

一个酒杯大的伤口，红通通的，肿得厉害，加之刚才在山路上的颠簸和摩擦，伤口周围在不停地流着脓和血。

小猛子看了一眼，就"哇"地大叫了一声！

第四章

★

硝烟过后子降临

　　宣传常转过头望着小猛子，意味深长地说："小猛子，你是不是害怕了呀？"

　　"姐呀！要是怕我还叫'猛子'吗？"小猛子自信地说。

　　"那刚才怎么把你吓得那个样子？"宣传常不依不饶地问。

　　"是气味难闻而已！没什么！"小猛子实话实说。

　　"就是嘛！怕苦怕脏就不能参加革命了！是不？"宣传常接过话茬说。

　　小猛子点了点头，连连说："是的，是的！我长大了还要找国民党算账，更要找他们报仇呢！"

　　"对！我们要找他们算账，找他们报仇。"宣传常立即附和道。

　　就在这时，副大队长胡友军从红军官兵队伍中发现两个俘虏也生病了，一个是胸口有枪伤，这个人是国军的一个营长，姓高，叫高明；一个是发高烧，这个人是国军的一个排长，姓熊，叫熊虎。他们两个人是一同被俘虏的。

　　宣传常并没有对他们的到来有一丝不满，所有的伤员，包括俘虏里的伤员，她都是一视同仁，理由很简单，在没有成为俘虏之前，

红色奶奶

他们是我们红军的敌人，即使他们原本是红军的兄弟叔侄，但参加国民党的军队后，他们从政治上就是我们的对手，所以我们不能对他们友好，但既然成为我们红军的俘虏，那在治病救人的时候，作为医生就应该同等对待。

把前几次的伤员加在一起，一共就有 13 个。

宣传常的工作变得更加忙碌起来。

在山洞里靠南边的那个唯一用木板搭起的床位，宣传常安排了俘虏来的国军的高明营长住下，旁边一块床板上她就安排了国军的那个熊虎排长住下。

小猛子见状十分恼火，他小声地问宣传常："姐，你吃里扒外了是不？我都恨不得打死他们这些狗杂种，你倒好，有一个好的床位都不安排红军伤员，而要安排一个国军军官，真不知道你怎么想的。"

宣传常笑了笑说："猛子，当时你们大队长都不要你参军，为什么我支持他要你参加红军呢？姐比你大几岁，想的问题不会歪的！"

小猛子听了之后，抓了抓头，发现是对的！自己从身高和年龄都不符合红军的条件，但有过人之处，也就有特殊之用。宣姐这样做一定有这样做的用意。听姐的话应该是不会有错的。于是自己溜到一边干活去了。

被俘虏的国军伤员高明营长也是海南屯昌人，长得一表人才，能说会道。当他得知宣传常也是屯昌人时就更加活跃了。

"医生同志，我不是红军，你这个床位却是这里最好的，还是留给你们红军伤员住吧！"高明说。

"你是中国人，现在不是红军，不等于日后不是红军嘛。我们医生是治病救人的，只是你伤势重一点，所以安排你住了。"宣传常一字一句说道。

　　高明想了想，觉得有道理！于是他看了一眼宣传常，又扫了一眼周围的伤员，发现的确只有他的年龄大一点，至于伤情嘛，一时半会儿自己也无法判断，所以他也就安然闭着双眼休息了。

　　离开高明的病床，宣传常来到了隔壁的另一个伤员跟前，首先映入她眼帘的是一个21岁的战斗班班长，名字叫杨强。

　　他虽然年轻，但却是红军大队一个出名的英雄班长，过去在战场上指挥全班冲锋在前，无往不胜。他先后负过三次伤，敌人的子弹分别在他的手上、脚上、头上等多处留下过大大小小的十多个疤痕。每一次他都凭着自己顽强的意志和毅力战胜了死亡，自己一次又一次主动申请回到前线参加战斗。

　　在上次六连岭根据地的战斗中，他率领全班，追歼敌人十四人。他们班把敌人包围在口袋形的山崖上，不到几个回合就把敌人打得举起了双手。在这次战斗中，杨班长一直在最前线指挥战斗。正在这个班收网回家时，一个苏醒的敌人向他们班扔来了他身上的最后一枚手榴弹。杨班长见状，一脚把手榴弹踢飞了，而后把身处险境中的红军按倒在身下。然而，就在这一瞬间，手榴弹在空中爆炸了，弹片无情地弹入了他的大腿和后背，所幸的是没有生命危险。

　　自从他成了一名伤员之后，虽然他的伤势很重，还是一天到晚不是谈笑、唱歌，就是看书看报，精神好得很。要是不知道的人，谁能相信他是个重伤员呢！

　　宣传常蹑手蹑脚地巡诊到杨班长病床前时，他正眯着双眼靠在墙角坐着。

　　"小兄弟，今天转移对你的伤情有影响吗？"宣传常和蔼可亲地问道。

　　"好得很嘞！你看，我不是坐着了吗？要是躺着的话就说明我病得不轻了，对不？你还是让我归队打仗吧！我在这儿一刻也待不住，我一天不握着枪，就是一个病人。"杨班长爽朗地回答。

宣传常看了看他大腿上的伤痕，发现还没有完全消肿，伤口的四周还在渗着血，要是让他回到战斗一线的话，伤口可能会被感染，导致败血症。

宣传常摇了摇头说："英雄老弟，你还不能归队，战场是无情的，而且战场上需要的不是伤员，而是体魄强健的英雄，你只有在身体完全恢复了后，才能更好地消灭敌人，否则你就会给战斗队带来负担，这样回去对红军大队和你本人都是划不来的事！你配合一下，我来帮你换一下药。"

听宣传常这么一说，杨班长觉得特别温暖，杨班长出生在极其贫困的农村，从小失去了父母，是伯母带他长大成人的，自然也就没有感受过父爱和母爱。参加红军后，他感受到了部队大家庭的温暖，今天他听了宣传常这席话，又体会到了幸福，在他看来这世界除了无情的战争，还有贴心的友情。

他心想，自己要想早点回去参加战斗，唯一的办法就是尽快配合治疗。

宣传常伸手要来帮他解开大腿上的绷带时，他自己就先行一步了。

宣传常给杨班长换药、打针，继续包扎好他的伤口。随后便去看旁边的伤员了，离开时她特意交代："英雄班长，要是伤口有什么不好的感觉，就随时告诉我，不要保守秘密呀！"

"谢谢姐，我不是头一次养伤，你们都是我们的天使，有什么痛苦一定会告诉你们的。放心吧，现在我就是你的兵，你呢，就是我的指挥员，指挥我向伤口挑战。你想，我还能对你保守秘密吗？"

杨班长说完，哈哈大笑起来，他怕自己的笑牵动了刚刚换完药的大腿伤口，于是下意识地用右手轻轻地摸了摸刚刚缠上绷带的大腿。

宣传常来到另外一个伤员身边时，这名伤员立即起来站好说："报告姐，我的伤好了！请马上批准我归队！"

"哟呵！蛮精神了呀！小伙子，归队可以，我还是帮你检查一下吧。"宣传常满脸笑容地边说边解开他胳臂上的绷带，一看伤口结痂了，一层薄薄的表皮正泛着红色的光。宣传常当即就同意这名红军归队了。

对十多名伤员巡诊完毕后，宣传常回到了自己的住所。

正准备对刚刚用过的医疗器械进行消毒的时候，小猛子突然冲了进来焦急地说："姐呀，不好了，我们的粮食不多了，这可怎么办呀？"

"不急，我们要把天当房，地当床，整个地球当粮仓！一会儿我带你摘野菜就是了。"宣传常若无其事地说。

小猛子有些纳闷儿，怎么在传常姐面前没有什么困难呢？就是在弹尽粮绝的时候她都依然那么乐观。

一会儿工夫，宣传常就带着小猛子上山去了，不出所料，不到一个钟头的功夫，她兜子里就装满了一大袋野菜回来了。

正在宣传常准备洗菜做饭时，小猛子不知什么时候把能走路的伤病员全部召集过来了。

"大家安静一下，找你们来的目的是要跟大家介绍一下识别野菜的技巧。首先介绍如何识别红菌、白灰菌、青丹菌、宣布菌……"小猛子一五一十地教大家如何识别，在山坡上什么位置生长比较多。

一个个子不高、年龄不大的小家伙如此聪明，让宣传常打心眼里十分高兴。

然而更让宣传常高兴的是在接下来的一段日子里，宣传常外出上山摘野菜去了，当她回来的时候，红军大队的饭桌上已全部摆上了热气腾腾的饭菜。

　　宣传常不解，小猛子笑眯眯地上前解释道："阿姐，你出门后我就组织他们能走动的三位红军伤员一起做饭，发现他们个个都是好手，你瞧，桌上的这些饭菜做得漂亮吧？要不你尝尝味道怎么样？"

　　得知原委，宣传常兴高采烈地把程德汉大队长请来了。

　　程德汉见状，一脸茫然地问道："阿妹，你啥意思？"

　　"德汉，你看到没，这些都是小猛子的功劳！"宣传常笑着说。

　　"行呀！小猛子！还有这一手绝招？"程德汉马上伸出了大拇指赞扬起来。

　　"小猛子，那就叫大伙过来开饭吧！"宣传常兴致勃勃地说。

　　小猛子听到宣传常的吩咐，飞奔出去，把队伍叫过来了。

　　宣传常一边吃饭，一边开始在程德汉面前给小猛子邀功。

　　"德汉，你看吧！人尽其才没有一点错，这个小猛子我第一眼就看好他是个人物来的，将来必成大器……"宣传常一边吃饭，一边跟程德汉唠叨着自己的"伟大创举"。

　　程德汉看着自己心爱的妻子既又温柔可爱，不时还能为自己出谋划策，内心的喜悦溢于言表。他一个劲儿地把桌子上最好吃的菜往宣传常的碗里夹。

　　夫妻恩爱的画面、团结协作的镜头、活泼生动的场景，这一切无一不在红军大队的全体官兵中传播。

　　在国军俘虏高明的眼中，也渐渐地形成了一道亮丽的风景。

　　一天，他悄悄地找到宣传常说："阿姐，你是一个奇才，你的一举一动、一言一行无不感染着我，让我深深地感受到红军这支队伍的友爱和温情！所以我鼓起勇气想告诉你一件事。"

　　宣传常是一个见多识广的人，她连忙把高明拉到一个角落小声地说："老弟，有什么话小声一点说，我们这里也有个别人在，小心提防一点。"

"阿姐，我想加入你们红军，从现在开始就为红军大队服务，求你跟程大队长过句话怎么样？"高明严肃地说。

"这个没问题，每一个人都有自己的理想，你要加入红军，当然是求之不得的大好事！不过还得把伤养好了才行。"宣传常的话无形地鼓舞和鞭策着高明。他扑通一声跪在了宣传常跟前，动情地说："阿姐，感谢你的救命之恩！我日后做牛做马也不会忘记你的……"

宣传常见状，一把拉起了高明，连忙大声地说："好汉多礼了！好汉多礼了！快快起来！快快起来！"

高明想加入红军大队当红军的消息自然不到一天的时间就传到了程德汉大队长的耳中，对此他没半点犹豫就点头同意了。

因为宣传常的精心护理，加上高明心想事成心情好，高明后背上的伤渐渐有了好转。

就在这时，远处又传来了"砰""砰""砰"的响音。轰的一声巨响后，激烈的枪声又在山洞的四周响开了，沉静了不到三个月的山谷突然又一次被震得摇晃起来。

程德汉大队长"腾"地一下站起身来。发出了一声洪亮的命令："同志们！准备战斗！"

就在这时，只见高明主动扛着一副担架出发了，宣传常和程德汉见状会心地笑了。

担负火线救护工作的除了宣传常之外，还有小猛子、王永信和四名担架员，红军大队的官兵一个个像离弦的箭一样向山头上飞奔而去，宣传常和她带领的医生、看护和担架员也没有一个示弱的，同样像离弦的箭一样跟在部队后面随时准备抢救伤员。

在阵地的后方，宣传常还没有接收到红军的伤员，也一时打听不到什么情报，更看不到红军大队作战的情形，她急得像热锅上的

红色奶奶

蚂蚁一样，坐立不安。

高明好像看出了宣传常的心思，连忙安慰道："宣姐，别急！咱们程大队长在战场上一定是得心应手的！"

小猛子也在一边的石头上无可奈何地坐了下来，心却早已飞到了战火纷飞的前沿阵地上。他似乎看到红军大队正在对准敌人猛烈攻击，似乎还看到了大批大批的敌人像被洪水冲垮的堤坝一样，正在一批批地倒下去。他还看到程德汉大队长正率领着人马在枪林弹雨中奋勇抢救伤员。想着想着，他再也按捺不住了，站起就要走！可转念一想，自己的任务是跟宣传常阿姐一道抢救伤员和烧火做饭，要是自己不经过批准就擅自去战场的话有一点目中无人似的。但是，激烈的枪炮声吸引着他，他摸了摸背后的药包，是个药箱，而不是一支手枪。他独自走到附近的一棵大橡树旁边，远远看见宣传常正朝他看来，他赶忙躲开她的视线大步回到了宣传常阿姐身边。

"来，战斗打响了，目前还没有伤员，我们不能在这里等，干脆到前沿阵地上去，那里的伤员一定需要我们。"

这时，高明拦住了宣传常的去向，说："阿姐，前方是很危险的！要去不是你去，是我们去，走，小猛子，我和你到前方阵地上去看看！"

高明说完就扛起担架，迈开大步往山顶上飞奔而去。来到山顶上一看，只见程德汉大队长正站在机枪手旁边指挥火力压制敌人，其他红军官兵正借着大树和石门做掩护阻击向我阵地扑来的敌军！

山下的一小撮敌人还在顽固挣扎着，用他们最强的火力向我方回击。就在这时，红军阵地上突然出来了一个伤兵，高明这时说了一句："小猛子，别动，你在这里等我，我去把程大队长身边那些受伤了的红军背来。"

高明话音一落，疾步而去，他一把抱起受伤的红军又快速回到了小猛子身边，两个人一起把他抬到了宣传常身边。

宣传常以十分麻利的手法给这个红军进行了战地包扎，而后吩咐王永信及另外两名红军坚守在这里等待伤员，自己和其他两名红军抬着这名伤员就往山洞里面跑。

她刚刚跳下一个小土坎，子弹突然像成群的黄蜂一样，尖叫着从她耳边飞过。炮弹发出吓人的巨响，把山坡上的树木、岩石、泥土抛向半空。似乎敌人的子弹都是朝着她打来一样，炮弹也好像就在她的身边爆炸。

她的心开始"扑通""扑通"地猛跳起来，腿也有些软了。但脚刚一停下，她又责备起自己来：身为红军大队长的妻子，不能在红军和伤员面前显得那么懦弱。

走了几步，枪声似乎有些小了，不像开始时那样吓人了。经过十多分钟的奋力奔跑，宣传常终于把第一个伤员送到了山洞。

紧接着，她马上吩咐留守在山洞里的卫生人员给伤员进行伤口清理、消毒，自己又一次踏上了运送伤员的征途。

回到阵地后方，宣传常不见王永信了，除了在地上趴着一名正在流血的红军外，其他人都不见踪影了。这时，她感到情况紧急，便命令担架员马上把这名红军抬到山洞里处理，自己独自往阵地上摸去了。

上前一看，发现小猛子正抱起伤员往担架上放。高明正在气喘吁吁地从阵地上背伤员。宣传常眼看这个伤员正血流不止，但急救箱中的绷带用完了，她拿起剪刀，脱下自己的军服，沿着衣服下沿剪下了两条大约十厘米宽的绷带，而后大步走到小猛子跟前大声喊道："小猛子，我先给他进行一个简单包扎，你马上负责组织把伤员运回山洞，我和高明在这里抢运伤员到阵地后方。"

宣传常说完，就把小猛子肩膀上的伤员接了过来放在担架上包扎好，而后让小猛子送下山去了。

红色奶奶

　　程德汉大队长见状，火速跑了过来，脸色突然变得格外严肃，厉声对宣传常说："宣传常，谁批准你上来的？难道你还不知道你肚子里的……"

　　宣传常两眼发直地问："德汉，人家在战场上杀敌的这红军就不是别人的儿子吗？"

　　程德汉大队长觉得宣传常的话太有道理，他一个字没有说，就面带羞色地走开了。

　　高明这时看出了道道，他看宣传常平时最爱穿一身宽大的军衣，原来是已经有了身孕。

　　眼前这一幕更加激起了高明对宣传常阿姐的敬佩，他一个箭步跑到宣传常面前，大声地说："嫂子，你放心，我一定完成伤员的运送任务！你回到山洞里去吧！"

　　战斗以我方的胜利而宣告结束，一切归于平静，然而，山洞里突然慌乱起来，随即，一阵阵"呜哇""呜哇""呜哇"的哭声在山洞中回荡……

第五章

★

乐渗悲伤志更坚

山洞里的哭声不是别人，正是程德汉大队长和宣传常爱的结晶——他们第一个儿子，这是一个只有不足九个月的婴儿，刚刚呱呱坠地，阿爸程德汉就爱不释手地抱在怀里，心想给儿子取个什么名呢？

宣传常说："孩子他爹，我看就叫'占宝'吧！意思是战争中得的宝宝。"

程德汉摇了摇头说："传常，这个名字好是好，但我要取一个跟我妻子你有关联的好一些。你容我再想想！"

宣传常见丈夫这么一说，她自己也就没有打算拿什么主意了，笑了笑说："德汉，都是你的事了！反正他注定了要姓程，对不？"

程德汉大队长一边哄着儿子，一边招呼着前来给他道喜的红军兄弟！

"程老兄，你可是'兵强子壮'呵。"第一个前来送祝福的是他多年来生死相依的兄弟王永信。

"永信，你来得好！我儿子取个什么名好呢？"程德汉话音一落，王永信还没来得及说话，小猛子就接过了话茬。

"就叫小虎子吧！我叫小猛子，他叫小虎子，长大了我收他做徒弟！"小猛子说完哈哈大笑起来。

宣传常说："小猛子，你的主意好，不过我得给你布置一个任务，记得每隔一个小时巡视一次伤员，如果发现问题及时跟我汇报。"

小猛子拍了一下大腿，说："好的，请姐放心，伤员都是我们队伍的财富！我这就去。"

"永信，你说！"程德汉大队长又用渴望的双眼望着王永信说道。

"这个吧！谁的儿子谁作主为好！一生无悔！"王永信心直口快地说。

"我想这儿子是他阿母生的，儿不离母，还希望他为阿母带来更好的福气，心仪的想法叫'程万福'，你觉得怎么样？"程德汉笑眯眯地说。

"万福，万福，千千万万的人民都享福！好！真是好！"高明进来了，鼓掌称赞道。

"是呵！'万福'这个名字好！不过这么大的喜事，你应该回乡禀报家人，也算是认祖归宗！"王永信建议道。

"这个我也想到了，正准备跟你商量是走水路回去好呢，还是走山路回去好。"

王永信不假思索地说："山路！一是便于隐蔽，二是便于战斗！万一碰上什么意外好往山里躲，对不？"

"是的！有道理！那我们红军大队就决定把队伍带回官塘村。这边的根据地留下两个人，一个是我们副大队长胡友军，另外一个是小猛子，他们两个人留下来在这里巩固发展红军队伍，为下一步战争做准备。"

小猛子巡视伤员回来正好听到了，一脸的不高兴，大大咧咧地说："我要保护宣阿姐！我要保护宣阿姐！"说完就呜呜地哭了起来……

宣传常望了一眼程德汉大队长，说："德汉，我们对这个苗村的山路不太熟悉，要不……"

在旁边的另一位红军官兵许强说："大队长，我留下来吧！"

副大队长胡友军也出来解围说："大队长，这样可以，正好许强也是苗村人嘛，熟悉情况，方便沟通！"

程德汉大队长格外高兴，他觉得自己的兵个个都是好样的，便大声地宣布："同志们！大家辛苦了，休整两天，大后天我们启程回我的故乡官塘村。"

从国军那儿俘虏来的排长熊虎一瘸一拐地来到了宣传常跟前，哭泣着说："宣姐，我不跟你们回去了，我的家乡就是离这儿不远的黑牙峒，当兵的时候是国军抓过去的，父母年老无人照顾，我本来就不愿意去，只是无可奈何才走到了那步田地。你们红军是好人，我回到乡村后一定像你们一样，继续为人民做好事，但愿我们后会有期！"

宣传常了解他的苦衷后，马上支持他找大队长程德汉。程德汉答应了他的请求，宣传常又私下给了他两块大洋，痛心地说："小兄弟，你受苦了，伤也没有完全好，这点钱是给你回家后去药店买药用的，别舍不得花，那样对你的病情不好！知道吗？"

排长熊虎接过宣传常手中的两块大洋，一时间泪流如注！连连说："宣姐心肠好，但愿老天将来一定赐你大福大贵！"

宣传常笑了笑说："谢谢吉言！但愿彼此吉祥如意，祝你一路平安。"

熊虎握了握宣传常的手，就含泪而别了……

两天之后的凌晨三点，程德汉大队长的队伍走上了踏往故乡官塘村的路。为了安全起见，他把人马分成了三路，第一路是妻子宣传常、小猛子和高明；第二路是王永信带着五个红军官兵，每人挑

着一些柴火，把枪支藏在柴火里面；第三路就是一些伤员，他们化装成乞丐。王永信在两公里开路，乞丐在后面断后，他自己带的人马在中间，三支队伍相隔两公里左右出发了。

天公作美，由于整个琼海地区天色灰暗，阴雨绵绵，所以国军和沿路上的土豪劣绅没有一个人发现这三支队伍。加上回到官塘村又是深夜，所以一路畅通无阻！

然而，第二天的情况就发生了变化，队伍里少了一个人，这个人就是当时在红军大队里多次开小差的"沈亚福"。

沈亚福的离去给了程德汉大队长当头一棒！他立即下达命令：东南西北四方 500 米视线可控范围内各布一个哨兵，另外还布置四个流动哨兵，发现情况鸣枪报警！

刚刚布置完哨位，程德汉大队长就带着妻儿来到自己家祠堂祭拜祖宗。

就在这时，外面的枪声响起，小猛子大声喊着跑来："程大队长，不好了，国军来了！国军来了！"

高明一听，大声地说："大队长，我来掩护，你带着人先撤退！"

高明说完，就端起一挺机枪走出了堂屋，而后大声地说："不怕死的跟我来！"

程大队长也一声令下："一排长带领你们全排听从高明营长的指挥，其他人员随我到万泉河边集结。"

万泉河是程德汉打小抓鱼的地方，不但熟悉，而且他十分懂得如何隐蔽自己消灭敌人。

在生死存亡的关键时刻，从国军队伍里出来的高明营长和敌人展开了一场厮杀，敌人因此无暇顾及程德汉大队长的去向。

高明越战越勇，一直把敌人引到十多里外的山岗，他才消失在崇山峻岭之间。

　　程德汉大队长也总算渡过万泉河来到了一个他小时候就十分熟悉的山洞。

　　程家的儿子成了红军大队长，昨天带着队伍进村了，这在白色恐怖时期自然成了当地国军的一个眼中钉、肉中刺！所以，明里暗里，天天都有人在他们家门口紧紧地盯着。

　　那是一个秋高气爽的夜晚，敌人举起火把从四周包围了程德汉家的民房，一定要他阿爸交出程德汉大队长，否则就一把火烧了他们家的三间草房子。

　　程德汉的父母失声痛哭，几年前大儿子程德江为人民战斗而牺牲了，三儿子程德河因加入红军被国军发现而被逼到南洋客死他乡，老二程德汉回家还没有落脚就被国军追杀，有家不能归不说，还要烧他的房子！这时，他阿爸从家里拿出一把菜刀冲到国军面前一定要与之同归于尽！不幸被国军用枪托打得不能动弹……

　　这一切的不幸马上传到了程德汉夫妻的耳里。妻子宣传常流泪了，哽咽中有了一丝丝畏惧。这时程德汉看出了妻子的心思，连忙上前安慰道："传常，别急，官塘村的房子烧了，革命胜利之后县城里的房子就全部是我们共产党的了，到时你还愁我们没房子住吗？"

　　程德汉大队长充满哲理的话语一次又一次在温暖着宣传常，她慢慢地恢复了革命的斗志。

　　然而，天有不测风云，人有旦夕祸福！生下来还没有满月的儿子程万福突然间一病不醒，原本的幸福之家被痛苦笼罩着。

　　痛苦！煎熬！一齐向程德汉大队长和他心爱的妻子袭来！没有一丁点儿商量的余地，没有一丝的怜悯！夫妻俩就这样突然倒下了！

　　王永信出现在他们的面前："德汉！革命尚未成功，你必须挺住！"

听王永信这么一说，程德汉似乎感悟到了什么，他晃了几下脑袋，又用凉水洗了一把脸，然后打起精神走到宣传常的跟前说："传常，自从 1919 年五四运动爆发，琼岛上数以万计的革命先驱在杨善集、王文明的领导下进行反帝反封建斗争，声援北京学生的五四运动。十月革命一声地响，马列主义播中原。在五四运动的推动下，1921 年中国共产党成立，五千年的泱泱古国，见到了新生的曙光。就在这一年冬天，吴明、罗汉等共产党人的脚步就踏上了琼海大地，1922 年，王文明、王器民、王大鹏等人就已加入了共产党。这些先辈们也曾遭受过痛苦的折磨，我程德汉加入了这红军的革命事业，牺牲的只是自己的哥哥和弟弟，以及儿子程万福，比起那无数的为国捐躯的人们，这算不了什么，我们还是要鼓起勇气继续战斗……"

通过程德汉一次又一次的鼓舞和开导，宣传常内心深处又一次燃起了革命的火种，她也更加懂得了要为新中国的解放事业而奋斗，就必须选择吃苦耐劳，就必须面对枪林弹雨，就必须选择一如既往！经过一段时间的煎熬之后，宣传常又渐渐地恢复了平静。她的身影又一次出现在红军伤员之间，又一次出现在厨房菜地，又一次背起了背篓和锄头出入在野外山沟。

山上的太阳起得特别早，程德汉大队长也跟着太阳一起早早地起了床，他用山泉水洗了一把脸就背着他的双枪径直往哨位上走去。刚刚出发，就听到了一阵阵枪声，不好！敌人又摸上山来了。

"全体起床，准备战斗！"话音一落，他就飞奔而出了，宣传常紧跟着他的脚步出发了。山洞的右前方是他布置的一个哨位，一个红军正趴在一块大麻石的背后，用机枪对山下猛烈开火。随着那"嗒嗒嗒嗒"的响声，敌人一个一个地倒了下去。他拍了拍宣传常的肩膀，自豪地说："传常，你看我们的红军多么可爱，他们的仗打得多过瘾！"

宣传常点了点头，双眸里立即闪出了敬佩的光芒。

突然，那个机枪手身子往右边歪了一下，左手捂在了他的右臂上，机关枪火力马上就消失了。

"快！来人啊！机枪手负伤了！"程德汉大队长的惊呼声在洞口回荡着。

"我上！"高明连忙冲向了前沿阵地！这时小猛子在机枪火力的掩护下也从岩石边把受伤的机关枪手背到了宣传常跟前。

阵地上绷带用完了，宣传常帮助这位机关枪手止完血之后剪下了她上衣的半截袖子套在这位伤员的右手手臂上。而后由小猛子把伤员背进了隐蔽的山洞。

就在小猛子走后不到两分钟的时间，"轰"的一声巨响，一颗炸弹正好在距宣传常大约50米的山崖上开花了，这时，山崖上被炸得粉碎的石子铺天盖地地朝宣传常袭来。天空被烟雾笼罩得严严实实。

宣传常从惊恐中清醒过来，发现身边一切安好，她拍了拍身上的沙土，又继续前往正在交火中的阵地。

这次，她来到了那个机枪手的身边。高明没有理会自己的到来，只是一个劲地在"嗒嗒嗒嗒"地射击，他全身的肌肉随着机枪不断的响声而不停地抖动着。他右臂上的军衣绽开了，血顺着臂肘一滴滴地流了下来，把地上的绿草都染成了乌红色。宣传常在他的身边蹲下，立即用剪子把自己的另外一个袖子剪下来，焦急万分地说："高明同志，你负伤了。"机枪手高明把一梭子弹打了出去，转过头来，发红的眼睛狠狠地瞪了宣传常一眼，焦急地说："阿姐，谁叫你上来的！这里危险！大队长，快把宣姐护走！"

程德汉看在眼里，痛在心里，他抢过高明手里的机枪，换了射击位置，向山下冲来的敌人大声喊道："狗日的！老子程德汉跟你们拼了！"

后援军的队伍上来了，他们换下了程德汉大队长的机枪位。

宣传常在一边大喊："小猛子，快上担架！快上担架！"一边给高明进行包扎。

正在这时，高明突然转过身，伸出那只负了伤的右手把宣传常往岩石后面一压，半截身子突然盖住了宣传常。宣传常还没来得及反应是怎么回事儿，突然又听到一声巨响，一颗炸弹在高明不远处开花了。

看到这一幕的程德汉吓出了一身冷汗。正在等着宣传常直起身来，这时高明两眼直瞪，声色俱厉地说："宣姐，你够苦的了，千万不要再上阵地，留下来护理伤员就是你伟大的工作了。"

虽然高明是怒火冲天对着宣传常数落的，但是她却听得非常高兴，为丈夫程德汉有这么一员猛将而高兴。

经过一天的战斗，眼看着就要胜利地结束了。

高明轻伤不下火线，等宣传常把他的伤口包扎完毕后，他又主动提出第二天去沿途收捡敌人丢下的东西。

这个主意很明智，他在一个被打死的敌军军医身边，捡到了一个大大的红十字药包，里面有一个听诊器，一大包消炎药，还有一些大瓶小瓶的药品。另外，他还捡了一支带套的小手枪。他把这支枪别在腰上，右手握着枪柄，神气活现地体会了一下，心里马上就想到了宣传常阿姐，他想要是在宣姐身上再挎一支手枪，那就更威武了。小猛子手里捧着一部电话机，不声不响地跟在高明的背后直愣愣地望着那支手枪，似乎在发呆。其他几个人有的捡来了一套手术器械，有的捡到了五颗手榴弹。当把这些战利品放在一起时，就像一座小山一样。

　　这时，高明从腰间取下那支带套的小手枪递给宣传常说："阿姐，这支是专门为你定制的，我把它送给你，希望它能保佑你吉祥平安。"

　　程德汉大队长这时高兴地站出来说："高明同志，这个主意是你出的，枪应该奖励给你，你就自己留着吧，以后多杀鬼子。"

　　程德汉接着又走到战利品旁边，侧身对宣传常说："多亏你的相助，我们又打了一个十分漂亮的大仗！消灭了三十多个敌人不说，还缴获了这么多战利品，真是天不绝我呀！"

　　在一边的宣传常倒是显得十分冷静，她笑了笑说："德汉，你可不要高兴坏了，说不定往后还有更多更好的战利品呢！"

　　程德汉说："是啊！我们有这么好的指挥员，这样勇敢顽强的部队，消灭敌人一两个团我看都不在话下！在这次战斗打响之前，听说毛主席对部队又进行了非常周密的布置，他们决定集中优势兵力，抓住敌人的弱点，再利用好地形地物，做到对各个敌人逐一消灭。"

　　程德汉说完，转过头来对着宣传常说："懂吗？阿妹！"

　　宣传常没有一丝犹豫就回答道："懂！懂啦！只要按照毛主席的指示行事，就没有打不败的敌人！"

　　太阳冲出了薄薄的云层，向大地洒下了金黄色的光辉。树叶上、草尖上闪烁着亮晶晶的雨水珠。几只雄鹰展着翅膀在红军大队的头顶上盘旋。

　　到处是笑声，到处是歌声。

　　山洞周围安静了一些日子，就在红军大队的人员感受着生活是如此幸福的时候，他们的食盐吃完了。于是不得不下山去买些盐，派谁去呢？

　　国军在山下到处都布满了明哨暗哨，这其中说不准就有叛徒沈亚福，所以凡是见过沈亚福的人是不能轻易出去的。

红色奶奶

就在大家为此事绞尽脑汁的时候，山里来了两个摘槟榔的女孩，她们在山上四处采摘槟榔，同时在四周寻找山洞。

一天，这两个人突然看到了一个采野菜的小伙子，于是就偷偷地跟了上来，这小伙子不是别人，正是红军大队做后勤工作的小猛子。小猛子眼看着自己邻近山洞的时候被盯上了，他立即杀了一个回马枪，转身又往山下走了。

两个姑娘虽然一个只有十三岁，一个只有十一岁，但是她们天天与国民党军队斗争，练就了一身随机应变的本领，当小伙子调虎离山时，她们两个便悄悄地在原地隐藏起来静观其变了。

两个姑娘考虑到，夜深人静的时候这里一定会有烟火冒出来，到时就会发现是不是自己想要寻找的队伍了。

这两个姑娘不是别人，正是程德汉大哥程德江的两个女儿，一个叫程万雅（1922年出生），一个叫程万蓉（1924年出生）。

功夫不负有心人，当她们发现邻近的山洞有人时，慢慢接近了山洞，这时，程德汉也正好出来散步，两个姑娘就这样与自己的叔叔在山洞口相遇了。

第六章

★

危难之时速转移

　　万雅和万蓉一个比一个长得水灵，也一个比一个精明。

　　上次叔叔程德汉大队长带红军回家的那一幕幕场景，一直深深地铭刻在她们姐妹俩的心中，骨肉之情是永远也隔不断的。寻找叔叔程德汉的工作，既是烈士阿爸程德江临终前的遗言，又是阿母改嫁之后的千叮咛万嘱咐。

　　姐妹俩与叔叔一见面，先是哭得天翻地覆，一会儿工夫后，阿姐万雅就打开了话匣子："叔，我爹牺牲时我还不知道什么叫红军，什么叫国民党。随着年龄的增长，我慢慢就明白了，红军就是为老百姓服务的，就是和坏人做斗争的。而国民党和他们的军队呢？就是专门欺压我们老百姓的，专门干坏事的。"

　　程德汉一边点头，一边招来宣传常向她们姐妹俩一一介绍说："万雅和万蓉，这是我的妻子，你们就叫她常婶好了！"

　　"嗯！""嗯！"俩姐妹一一点头。

　　宣传常急步走到两个丫头跟前，蹲下，抚摸着她们的头和脸庞，小声地问姐妹俩一句："你娘还好吗？"

　　姐妹俩最怕的就是别人提他们爹娘的事，因为爹是红军，在当地是受国军欺负的对象；娘呢，活不下去了，自己的两个女儿还不到十岁就忍痛改嫁了。所以当有人在姐妹俩跟前一提到她们的爹娘，她们就悲痛万分！

宣传常这一问，顿时姐妹俩哭得死去活来。让宣传常和一旁的程德汉不知如何是好。

宣传常见状，马上倒了一杯热水，让阿姐喝了几口后又递给了妹妹。

接着，她又给姐妹俩一一用热毛巾擦了擦脸蛋，把她们抱在自己的怀里说："姑娘，你们别太伤心，以后婶婶就是你们的娘，叔叔就是你们的爹！"姐妹俩这才慢慢地恢复平静！

宣传常悬着的心安宁了点，于是她小声地问："你俩是怎么找到这个山洞的？"

妹妹抢过话说："叔叔，婶婶，我和阿姐商量，你们是过了万泉河后不见了的，肯定是躲藏在山洞里，所以我们就决定一个山头一个山头去找，有的时候假装采野菜，有的时候假装割橡胶，有的时候又去捡柴火，反正最终目的是要找到这个英勇无畏的叔叔，一起为爹报仇！"

阿妹程万蓉说道"为爹报仇"这几个字时，紧握着小小拳头向空中一挥，抬起右脚往地上一跺！

从她的眼神里宣传常看到了姑娘内心的仇恨和忧伤，也感觉自己的责任和重担是多么的艰巨。

等阿妹说完，阿姐突然解开了自己的内衣。

宣传常好奇地问："丫头，你这是要干什么呀？"

程万雅笑着说："叔叔婶婶，我给你们带礼物来了！"

"是什么礼物藏得那么隐蔽？"程德汉笑着问道。

万雅没有说话，只是从内衣的里层翻出来一个小布包，打开布包，发现里面是一粒粒乌黑的盐子。

宣传常惊喜万分，紧紧地把她们姐妹俩搂在自己的怀里，深情地说："姑娘们，你们也是好样的，不愧为烈士的女儿！"

秋天是收获的季节，也是迷人的天堂，蓝天上白云飞舞，大地上绿树成荫，一派生机勃勃之盛景！宣传常一时茅塞顿开，心想日后干脆就请这两个侄女做自己传送物资的最佳助手了。

她轻轻地松开姐妹俩，问道："万雅、万蓉，婶婶问你们一件事，你们知不知道有人跟踪你们没有？"

"肯定没有！"万雅、万蓉齐声答道。

"那你们是怎么发现这个山洞的呢？"宣传常有些好奇地问道。

"我是看到一个小哥哥的身影之后，断定这个山上有人，谁知跟踪一会儿后他就掉头跑了，于是我们俩决定在原地隐蔽起来，静观其变，发现了叔叔的身影，我们才找到这里来的。"聪明伶俐的程万蓉抢先说道。

"那好，趁天还没有黑，你们俩马上回去，这里的药材不多了，婶婶给你们三块大洋，你们分别到不同药店去买一些消炎用的药材，送到这里来。"

万雅和万蓉非常听话，也十分精明，姐妹俩一路走一路商量。

万雅说："阿妹，我们从今天开始，一定要听叔叔婶婶的话，死心塌地地跟着叔叔婶婶打天下。"

"阿姐你说得没错，但是我们不能被国军给发现了，要不我们也会掉脑袋的，对不？"万蓉回答道。

"那是！我们得变着法子做。"万雅说。

"姐，要不我们明着去给地主放牛，暗地里去买药材。放牛的时候可以走远，也可以走近，要是地主问起来就说：'我想把您家的牛养肥一点，所以哪里有好草我就把牛带到哪里吃'。"万蓉出的这个主意万雅觉得很好，便点了点头说："妹，我们只能分开给地主看牛，你去李地主家，我就去王地主家，这样我们就可以有一个人去帮助叔叔婶婶干活。"

主意一定，两人就开始去地主家找活去了。

程万雅和程万蓉前脚走出门，小猛子后脚就进来了，一见宣传常他就开始描述自己是如何如何摆脱两个姑娘的跟踪的。

宣传常听小猛子说话，忍不住笑了。

小猛子愣了，不知宣传常因何而笑。

"阿姐，你是觉得我在瞎编吗？"小猛子直截了当地问。

"小猛子，你知道她们俩是谁吗？"宣传常微笑着说。

"那我怎么知道？要是知道了我不就成了神仙啦？"小猛子笑哈哈地说。

"那好，我告诉你，她们俩是你们大队长的嫡亲侄女，阿姐叫程万雅，阿妹叫程万蓉！日后由你来负责跟她们俩人对接怎么样？"宣传常盯着小猛子问。

"阿姐放心，我知道怎么做的！"小猛子兴高采烈地说。

"好的！下次她们来了我告诉你。今天你先去看看那些伤员吧！"宣传常吩咐道。

小猛子受领任务后就去看望伤员了。

经过几天的寻找，万雅和万蓉也分别找到了需要人放牛的王地主家和李地主家。

刚开始的时候，姐妹俩都没有放牛的经验，有时候地主家的牛吃得太饱，肚子像锣鼓似的，地主老爷不高兴，不许让牛吃得太多；有的时候牛吃少了，地主老爷看到牛肚子瘪瘪的，也不高兴。聪明的阿妹又给阿姐支招："姐，你去山洞，我来放牛。"小妹妹程万蓉把两头牛牵到一起之后，上午让它们自由去吃草，下午就把牛拴到一棵大树下乘凉。

可是万蓉和阿姐还是被地主老爷和他们的家人诅咒谩骂，两个懂事的姐妹明白了一个道理：不管牛吃得饱不饱都会遭到地主家人的谩骂，有时还会被殴打，要不就是骂骂咧咧！反正一天到晚是要受气的。可是姐妹俩不管地主多凶残，只要让她们放牛，她们给叔叔婶婶送菜送饭的事不被人发现就是一种莫大的幸福和满足。

坚强的姐妹一天一天地坚持着，她们没有任何怨言和气馁！风里来雨里去，她们没有一丝退缩。敌人一次又一次到她们家来骚扰，没有一次能从她们两个人口中得到丁点儿有用的情报。于是敌人愤怒了，他们开始在方圆几公里的地方搜寻，可是最终都没有踪迹。于是，他们开始跟踪程万雅和程万蓉，限制她们姐妹的行动，也不准她们给地主放牛。

山上的宣传常和丈夫程德汉按捺不住了。十多天之后，他们决定派出高明和小猛子化装成销售槟榔的商人下山寻人。

一边要寻找他们的亲人，一边要寻找当年的叛徒！双重任务在肩上的高明和小猛子明显地感受到了重重压力！可是，他们没有任何恐慌和畏惧，在椰林里、在橡胶树旁边、在槟榔树下，只要有人的地方他们就会尝试去问长问短。

可是好多天都没有姐妹俩的消息了。

高明心急如焚，在一个风雨交加的深夜，他决定让小猛子在门外做掩护，独自摸进了姐妹俩住的茅房。

一进门，高明就表明了自己的身份说："我是程德汉大队长和宣传常阿姐派下山来寻找你们的，好长时间不见你们的身影了，你们叔叔婶婶十分担心。"

姐妹两人听到自己的叔叔婶婶如此牵挂她们，心里非常感激。但是她们诉说了她们的难处，因为受国民党的封锁，她们没有自由了，既不让她们放牛，又不让她们上山采摘野菜野果，如今只能守在家里度日如年。高明知道此事后，把手中仅有的三块大洋给了这两个骨瘦如柴的小姑娘，而后马上就带着小猛子回山洞里去了。

宣传常得知姐妹俩近况之后，既高兴，又更加担心，于是她开始和丈夫程德汉商量下一步的阵地转移计划。

上山容易下山难！一是伤员的运输，二是弹药的搬运，三是途中的风险等，一切的一切都必须做到万无一失。

红军骨干们发出了不同的声音，有的说在这里待着还算安全，没有人知晓；有的说时间长了的话一定会带来危险；有的说革命什么时候有个盼头；有的说愿意跟着程德汉大队长一道，哪怕是血雨腥风也寸步不离……

这位久经沙场的猛将程德汉自从不见自己的两个侄女上山后，他就已经发现了一个异常的苗头，他相信敌人应该很快会围着侄女们放牛的山头进行搜捕，因为这十多天来，敌人一定在对周围的战斗场地进行勘探和准备之中，于是他悄悄地告诉了妻子宣传常，他决定第二天晚上十二时采用交叉掩护的方法沿山脉一线出发，将部队带往"黑牙峒"。理由是"黑牙峒"地势较高，易守难攻。加上那里的苗民对红军十分拥护，有一定的生存空间。宣传常非常信任丈夫，程德汉定下的事，她除了给出一点自己的参考意见之外，其他的就都服从。

她急步来到山洞里的治疗场地，点燃了一个消毒锅下面的柴火，对所有的镊子、针、手术刀、剪刀等一切带铁的器械开始进行高温消毒。

小猛子见状，连忙走到了宣传常的跟前："阿姐，我可以帮到你什么吗？"

宣传常给小猛子递过来一个无菌漏斗，要他把消毒水分开装在玻璃瓶中。

　　给医疗器械消了毒，又找来一些防止中暑的中药材放在一个大锅里熬煮，平时挂在山洞上的大黄、薄荷等中药材她都一包一包地清理得整整齐齐。

　　小猛子一边往瓶子里装救急水，一边高兴地说："阿姐，你要是有条件的话是不是可以开一个制药厂呢？"

　　宣传常笑了笑说："制药厂不说，一般的中药材我是可以的，我师父师母都是当地有名的老中医，我在他们那儿做月工的时候，只要是我爱学的东西，他们平时也都愿意教我！"

　　"就是，难怪平时我们的伤员不怎么缺药，而且一个比一个好得快，我看你的那些土办法还是不错的。"

　　"办法是土的，但药材是特效的哟！"宣传常笑着说。

　　"对了，你带我到伙房去看看。"宣传常补充道。

　　"小猛子不错，从石壁上挂得整整齐齐的一排排米袋子就能看出你是一个有条理的人！"宣传常一边在心里数着米袋子，一边表扬着小猛子。

　　"小猛子，你的米袋子这次应该派得上用场了。"宣传常说。

　　"这样，你今天睡觉前把所有的米袋装满，知道不？"宣传常又接着说。

　　"阿姐，你准备这么充分，是不是我们又要有什么行动啊？"小猛子问。

　　"军人服从命令！不该问的不问！"宣传常的回答让小猛子一下变得沉默了。

　　不过凭着他过人的聪明才智，他可以断定这几天里一定会有什么紧急行动，他夜里一个人在沉思：从高明寻找程万雅和程万蓉开始，到阿姐让我准备这些药呀粮呀，我就可以断定应该是要转移阵地了。既然阿姐都说不该问的不问，那就一定是秘密。想到这里小猛子便睡觉了。

第二天凌晨一点，一阵紧急集合的号声，划破了黑夜的寂静，红军大队的全体官兵和所有伤病员通通从睡梦中惊醒。

高明一个翻身爬起来，拍了拍身边的小猛子，急促地喊："喂！紧急集合了！"

不到三分钟的时间，程德汉就站到了部队前面开始宣布命令："同志们！下面我命令，小猛子立即潜伏回到老家与我红军大队原副大队长胡友军及许强取得联系，请他们以最快的速度赶往'黑牙峒'一带接应我们红军大队。

"我本人带领尖刀班二十八名勇士前方开路，宣传常带着伤员和后勤工作人员在队伍中间徒步前进，除了粮食和卫生用品之外，其他重物一概不要携带。高明带着其余部队在后压阵，并负责收容伤员。大家听明白了没有？"

程德汉大队长的声音响彻山洞！

"明白了！"大家异口同声地回答道。

天依然是漆黑的，山洞里的火把也只有一些微光，因为已入秋，加之又是山洞，一阵寒风突然向宣传常袭来，她打了一个冷颤，便开始咳嗽起来。但是她并没有停止工作，她动员伤员们尽快行动，又吩咐小猛子去检查后勤工具，自己则坐在一块石头上打起了绷带。一边打绷带，一边咳嗽声不断。怕别人听见，她用手捂住了嘴巴，站立起来，又一连咳嗽了几声。

程德汉看在眼里，痛在心中，连忙走到她的跟前问道："传常，行吗？"

宣传常只是笑了笑说："我是行的，不知道这里行不行……"说完，她指了指自己的肚子。

程德汉开心地笑着说："一定吉祥平安！"

宣传常十分娴熟地打好了绑腿，穿好了军服，并把自己所有的行李都背上了双肩，迅速跑到伤员中去了。她一边帮助伤员收拾行李，一边督促他们加快速度。

这时，山洞外边已经断断续续有人出去集合了。

走出山洞后，看不到月亮的影子，只有稀稀疏疏的星星在眨着眼睛。它们既没有给这个大地带来一丝温暖，也没有照亮四方。

渐渐地，山洞外多了一些挺拔的黑影，他们悄悄地从黑暗中走来，来到山洞之外又没有见到多少光亮，但是他们没有气馁，没有畏缩，因为他们正在寻找光明。

人群中除了能听到他们紧凑的脚步声和急促的呼吸以外，再也听不到任何声音了。

宣传常站在第二个梯队的最前排，她习惯性地扯了扯身上的军装，摸了摸扣子有没有扣好，又看了看程德汉的着装和腰部的手枪，她没有发现什么问题，才回到了自己的梯队前边说："大家听好了，我们是整个红军大队的第二梯队，我是第二梯队的带路人，在我们这个梯队的后面，是负责压阵的高明同志，途中要是大伙有什么需要和困难，请你们随时联系我们两个人。"

宣传常细腻的关心和热情的指引一时间温暖了每一个伤员。

这时候，第一梯队响起了"立正，报数"的口令声。

"出发！"程德汉大队长清脆地命令道。

眼看着前方的红军官兵一个个雄赳赳气昂昂地出发了，宣传常心里特别高兴，可是当她看到自己这梯队的拐杖和担架时，内心却又多了几分寒意。她从心底告诫自己，一定不能让任何一个伤员掉队。

"立正！报数！"宣传常下达了清点人数的口令。伤员和后勤人员加起来一共有十八人。

"出发，大家跟我来！"宣传常说完走到了最前面。

每过一个坎，她都会停下脚步一个一个地把伤员扶过去；每过一个沟，她都会在路边反复提醒担架员注意脚下的路不要踩歪了。当队伍上坡的时候，宣传常一定会在一边停步提醒伤员注意抓紧身边的树枝杂草。无微不至的关心和体贴，让所有的伤员感动得泪流满面，同时也无形地激励着他们一步步地奋勇前进！

由于是夜间行军，加上又是在山脉上行走，所以部队的动静没有惊扰到国军，也就十分顺利地到达了苗民众多的居住地，负责接应的副大队长胡友军和小猛子也相继取得了联系。部队行军五个小时赶到了黑牙峒所在地，并在附近设置了哨位和警戒区，以防敌人偷袭！

一切安排就绪，宣传常给程德汉端来了一碗热气腾腾的面条，说："德汉，一路辛苦了！吃碗面条暖暖胃吧！"

程德汉接过面条，拍了拍宣传常的肩膀说："传常，你坐下，我跟你聊聊天！"

宣传常坐下，说："德汉，这些年来你一直是风风雨雨的，我们这次安营扎寨后，你可得好好休养休养了呵！"

程德汉边吃边说："传常，革命尚未成功，同志仍需努力！你和我都还有着十分艰巨的任务呵！可别把梦做得太好了！"

宣传常低下了头，没有说话，程德汉用余光看到了她眼角的泪花。这时，程德汉似乎感觉到了宣传常内心的痛楚，在他的内心深处他是十分懂得宣传常是深深地爱着自己的，要不怎么会放下舒适的大家闺秀不做，跟他程德汉跑到这个大山上来过着居无定所的生活呢？同时，程德汉也完全能感受到宣传常对革命是怀着无比激情的，要不怎么会不畏坎坷、不畏风雨、不畏生死与他同在一个战壕呢？更让他为之感动的是在每一个十字关头，她总能为他排忧解难、寸步不离、深谋远虑。想到这些，程德汉连忙手伸过来抚摸着宣传常的头，而后小声地说："传常，谢谢你的关心，我没事的，你放心！"

宣传常还是没有说话，只顾着独自流泪，她怎么不担心自己心爱的人呢？

程德汉更加感受到了宣传常内心的困惑，于是他弯下了腰，小声地说："传常，你看，这里这么多人，咱们晚上再聊好不？"

宣传常意识到程德汉的话在理，笑了笑说："你抓紧时间吃，凉了对胃不好！"

程德汉笑了笑说："夫人，遵命！请问你那儿吃了吗？"说完他指了指宣传常微微隆起的小腹。

"那要问你才行！讨厌！"

程德汉笑了笑接着又说："这可是我的命根子，不管发生什么，你一定要保护好啊！"

"大哥，你说保护好的标准是什么？"宣传常柔情似水地说。

"最起码的标准是母子平安！母在子在！"程德汉表情严肃地说。

宣传常挺直腰杆，而后标标准准地给程德汉敬了一个礼，一个十分庄严的军礼，大声地说："请程大队长放心，我保证完成任务！"

程德汉没有回礼，而是语重心长地说："传常，中国有一句古话'路漫漫其修远兮，吾将上下而求索'，你知道是什么意思吗？"

"我懂的！德汉！"宣传常挥了挥手说。

第七章

★

促膝交谈润心田

夜深人静了，宣传常从伤员住的地方查岗一回来，就兴奋不已地对程德汉说："德汉，我们的伤员个个都是好样的，他们不但能帮助我烧饭切菜，还能帮我洗衣缝被，今天还帮我找了很多野菜回来……"

看到妻子高兴的样子，程德汉的睡意全消，起身牵着妻子的手说："传常，我白天答应你的事现在有时间兑现了，你愿意听我聊聊吗？"

宣传常愣了一下，"嗯"了一声就跟着程德汉出门了。

"我们去找一个背风一点的位置吧，免得被风吹病了。"程德汉关切的话语让宣传常一下子暖和起来。

程德汉带着宣传常来到了一个大石头的背面，这个位置如同一个座椅似的，他先是自己在里面坐了一下，感觉到有一点点不舒服，便把自己的上衣铺在下面，将宣传常扶到里面坐下，这才开始说话。

"传常，我们结婚几年了，我没有尽好一个丈夫的职责，说声对不起，今天请你出来，我是想谈谈我的身世。"程德汉和蔼可亲地说。

"好吧！德汉！那我就洗耳恭听！"宣传常温柔地回答道。

红色奶奶

"我是非常幸运的，因为和我一样参加革命的人，许许多多的人都已经付出了沉重的代价！

"那是在母瑞山，红军将领冯白驹带领的警卫连，被敌人围困了八个多月。虽然几次派出小分队下山联系地方党组织，但都石沉大海。最后山上只剩下冯白驹等二十六人。后来才突围下山与琼山的同志会合。

"正当琼崖革命最困难的时候，我不久就与当地的党组织联系上。虽然，那时到处是白色恐怖，但是琼乐地区潜伏下来的地方党组织仍然在勇敢地坚持斗争。

"就在我与当地党组织联系上之后，他们帮我安排了许多重伤员，就在我带领部队剩余的二十多人，试图重返母瑞山与特委会合时，先后几次都没法突破敌人的封锁线，只好在定安寻找机会上母瑞山。

"随着那些在外经商的团队的返回，敌人变本加厉地对我们当地的人民群众实行迫害。

"我跟你讲一个典型的故事，这个故事发生在定安县仙沟墟。当时，这里是我们琼岛最有名的家牛交易市场，相邻各县的商人大都会到这里进行牛交易，每逢家牛交易之日，多的一天要交易三四十头，少的也有十来头。

"由于仙沟墟位置离敌人的据点较近，这里虽然由一个小小的国民党排长管辖，这个姓何的排长可不是吃干饭的，他贪婪成性，每逢牛市，他都会带着他的那几个喽啰兵到牛市上去收取保护费。不管来这里的人有没有做成生意，凡是牛要进来这个市场，他就要收五块大洋一头的牛税。

"有一天，琼中一个农民赶了几十里路，牵来一头自家的黄牛出来做买卖，没想到这个姓何的排长一看他穿的衣服与众不同，便知他是少数民族，于是就欺负他，硬是要收他七块大洋的保护费。

这个黎族的农民不情愿，姓何的排长就命令他的喽兵将这个黎族的农民五花大绑，拳打脚踢。这个农民被打得嘴吐鲜血。姓何的排长还对众人说：'你们谁敢不交保护费，就是他这个下场！'

"对此，牛市上的老百姓敢怒不敢言，大家一提到他就恨之入骨，称他是一个地地道道的'吸血鬼'。

"传常，你知道我是一个打抱不平的人，又怎么容得了这粒'沙子'呢？

"听到这里我就恼火，决定严惩这个'吸血鬼'。一来为当地人民除掉一个毒瘤；二来扩大咱们红军官兵在当地的影响，让当地的所有老百姓在那种白色恐怖的年代里看到曙光和希望。

"又是一个牛市，我带着几个红军化装成很快牛客，每个人都腰藏短枪，一大早上就来到了仙沟墟的这个牛市。

"牛市很快迎来了熙熙攘攘的人群。那个'吸血鬼'不知一大早上在哪里喝了一碗'猫尿'摇摇晃晃地带了几个喽兵到牛市收'保护费'来了。

"此时，我朝身边的几个便衣红军使了一个眼色，于是他们就装作若无其事的样子接近了这个敌兵，而后以迅雷不及掩耳之势突然掏出驳壳枪，用一个黑洞洞的枪口顶住了敌人的脑袋，紧接着大喝一声道：'我是红军！不许动！'这时，这个敌排长乖乖地举起了双手。

"当我带的其他两名便衣红军下了敌方那两个喽兵的枪后，对其就是一顿训斥，然后才把二人给放了。

"这时，我对着'吸血鬼'排长说：'你作恶多端，压榨百姓，我代表红军，代表人民枪毙你！'说完，两个便衣红军把他拉到一旁，一枪将他击毙在地，随后，我们的便衣红军又掏出了一张布告压在这个敌排长的尸体上。"

"布告上写着什么？"宣传常好奇地问。

"他们这样写的：'这就是欺压老百姓的下场！——红军大队长程德汉。'"

"威武！德汉！"宣传常鼓起掌！

"听到枪响之后，据点的敌人赶来，不过他们的人还没到，我和几个便衣红军早就消失得无影无踪了。

"老百姓奔走相告说红军回来了，红军大队回来了！绘声绘色地纷纷传颂着红军的勇猛，大家都称颂说红军如天神从天而降，一枪就把那个来牛市收'保护费'的'吸血鬼'干掉了。

"消息传开，敌人大惊失色，心里犯着嘀咕：'不是说红军被消灭了吗？怎么冒出一个大队的红军？'

"上山之后，我个人有过犹豫，心想是取道去定安上母瑞山，还是到别的地方待一待？考虑了很久，最后我决定转移到琼乐去寻找党组织，再从琼乐寻找上母瑞山的机会。

"可是人算不如天算，当我带着部队赶到特委驻地的村庄时，不由得使我大吃一惊。全村房屋全部被烧光不说，老百姓的境况惨不忍睹，到处是残垣断壁，满目荒凉！此外，他们的田园也全部荒废，颗粒无收。

"就在这时，突然有一个红军跑过来说：'报告大队长，我发现村里有人。'

"我走近一看，在那一间低矮的草寮里，有一位正在剁着蕃茨准备煮饭的老大妈。她看见我们几个人，嘴唇开始嚅动了一阵子，没想到最后'哇……'的一声大哭起来。

"'死得真惨呀……真惨呀……那些国民党兵歹过毒蛇，他们把这一带村庄全都烧光，奸淫妇女，无恶不作，杀了好多人，全村是血流成河，现在村里的人全都逃到外地去了。这一带成了远近闻名的无人村了。'

　　"老大妈声泪俱下地向我控诉着国民党反动派那些令人发指的暴行。她说，敌人攻进的那天，村里的十来个革命同志被敌人包围在一间房子，他们打光了子弹，最后被敌人捉住。其中有一位还是女同志，被敌人扒光衣服，大白天把她绑在一棵大树上，迫她投降。可是这位女同志宁死不从，敌人就用尖刀割下了她的乳房，用刺刀乱捅她的下身，一直到她光荣牺牲前，她都骂声不绝。

　　"后来，敌人又把我们的同志和红军家属全部关进祠堂里，浇上汽油，活活地给烧死了。

　　"老大妈悲痛欲绝地喊：'惨呀……真惨呀……'

　　"这时，我和我的战友们个个义愤填膺，我大哥程德江手中的一条杯口粗的木棒'啪'的一声被他掰折了。红军们纷纷骂道：'强盗！暴徒！'他们高呼口号：'打倒国民党反动派！为死难的同志和乡亲报仇！'

　　"老大妈抹干眼泪说：'就是嘛！我就不相信共产党会被杀绝了。我不瞒你们，我当时搭起这间小草寮并独自守在这个村里的目的，就是等着红军杀回来的这一天。今天，我终于盼到你们这些救星了。'这时，我大声地说：'大妈，您说得对，共产党是杀不绝的，我们的革命一定会取得胜利！'

　　"告别了老大妈，离开了村庄，大家心里都非常沉重。那时，各地党组织和苏区政府遭到敌人非常严重的破坏，敌人正规军、土匪、民团到处搜查红军和革命同志，环境非常险恶。在这个时候，我就知道我肩上的担子更加沉重了，所以从那个时候开始，我就更加坚定了我的政治立场，一定要把我手中的这支队伍带好，因为这是革命的火种啊！对不对？传常！"

　　宣传常听到这里，站立起来，跟程德汉交换了一下位置。

　　程德汉坐下后接着跟宣传常说："传常，我还必须告诉你一件事，

红色奶奶

不知道我以前有没有跟你讲过这个人，他是我们队伍里的一个班长，名叫'沈亚福'，自从母瑞山反围剿以来，情绪一度低落，在突围的时候又与主力部队失去联系，更为可疑的是他曾多次建议我把这支队伍分散潜伏起来。可是遭到了我本人和绝大多数红军官兵的坚决反对，他才随队伍转战。最近，他又对我说：'程大队长，我看我们还是分散潜伏，等待时机为好。'不过我怎么也不会相信他的。

"仙沟一仗后，大家都称我程德汉为大队长了，当时我也觉得这个称呼好，可以让敌人不知底细。"

"你后来同意他的意见了吗？"宣传常问。

"我没有同意，只是看了他一眼，坚定地摇了摇头。"程德汉说。

"接下来呢？"宣传常问。

"你听我慢慢说嘛！"程德汉把宣传常搂在怀里，又开始述说他的故事。

"当时已经是正午时分，部队还吃不上饭。我就把队伍带进一片山林，然后我和两个红军化装成农民，准备到附近村庄找点吃的东西。刚走进一个小村子，就听到一个女人在号啕大哭，循声走近，一户人家的门前围了好几个人。人们的脸上眼里都充满着同情，女人们都在抹眼泪。一个中年男子大声地说：'若是红军在此，一定饶不了这个家伙。'

"这时，我们的红军官兵走上前去，把这位中年人拉到一旁问：'这位老兄，借一步说话。请问发生了什么事？'

"中年人疑惑地问：'你们是做什么的？'

"'不瞒你说，我们是这个。'我马上伸出了大拇指和食指。

"'红……'

"我点点头，中年人了叹一口气说：'这家女人的女儿被民团的团长抢去当妾。唉，真可怜。'我问明那个民团长的住处，便直奔过去，准备见机行事，救出这个女人的女儿。

"琼东和乐会的习俗是这样的，结婚酒宴，女方设宴于上午，男方设宴于下午，有钱人家，是整天都在吃喝。

"半路上，我们三个人遇上一个地主模样的人，带着两个家丁和一个挑夫挑着一担米果和礼物走向民团团长家。我们三人跑上去，掏出驳壳枪顶住地主的腰，沉声说：'不要问我们是什么人，我们只是想讨杯喜酒喝，乖乖跟我们走。'地主唯唯诺诺。这时，我便和一个红军换上家丁的衣服，把他们绑了扔在一片山林里面，说道：'让你们委屈了。'一个红军挑着水果，押着地主走进民团团长家。

"当地的俗例是，主人家有红白大事，亲戚朋友一定会挑来米粑、粽子、米果（一种用椰子叶或茭叶编成袋子，装了糯米煮成的食物）来庆贺。主人必须从每份礼物里挑出一个，尽管不吃，只要剥一下外壳，便表示接受了亲朋的祝贺和致意了。

"民团团长家里，果然大摆酒席，大吹大打，十分热闹，那团长年纪五十开外，正眉开眼笑地拉着一个啼啼哭哭的女孩要拜堂。就在这时，我几个大步就走到了他的跟前，一把揪住民团团长，用枪指着他的脑袋喝道：'走！'

"民团团长惊讶之余，恼怒地说：'你们是什么人？竟敢……'

"'我们是红军！'我大声地告诉他。

"他知道我的身份后，我马上命令道：'把这个狗团长推出门口，一枪击毙他。'

"两个红军也迅速掏出驳壳枪大声喝道：'谁都不许动，谁动打死谁！'

"骚动的众人静了下来，这时我对众人说：'这个狗团长欺压百姓，强占民女，罪大恶极，我们红军大队镇压了他。我们红军是专门解救受苦受难的老百姓的。'

红色奶奶

"救走了被迫当新娘的小女孩之后，我便率领部队连夜向乐会方向转移。此后，也接二连三地打击了几个反动骨干和土豪劣绅。因此又一次惊动了国民党反动当局，这时，他们派出兵力前来围剿。

"我得知这个消息后，内心是非常开心的，因为我的行动减轻了特委那边的压力，这也是我们的一个胜利。

"这天夜里，我带领部队走向多异岭。多异岭连绵南去，都是山林茂密的地带，有很大的余地与敌人周旋。

"部队休息下来，我关心地对哥哥程德江说：'哥，怎么样！能顶得住吗？'哥哥说：'没事，没事，你要带兵打仗，与敌人周转，担子不轻啊，不要为我分心。'

"我说：'咱们这支队伍人数不多，却个个善战能打，是革命火种啊，咱们决不能有闪失了。'

"他说：'光对外还不行，你要多个心眼注意内部。我看沈亚福这个人迟早会出问题。'

"我点了点头说：'我知道，我会注意的。'

"派好岗哨之后，我又回到哥哥身边说：'哥，这些年来，你对我关心那么多，付出那么多，可是，我却对你关心得太少太少，真对不起你。'

"他拍了拍我的肩膀说：'别这么说，咱们兄弟还用说这些话？倒是你的忙我无法帮上，心里很焦急呢。'

"我把哥哥的手握得更紧了。这一夜，我们兄弟俩背靠着睡在一起。

"翌日，朝阳灿灿地升起来了，山林里鸟儿清脆地唱着歌，南风轻轻地吹来，让人感到分外舒适。我哥他们早饭还没有做好，哨兵跑过来报告：'程大队长，发现敌人。'这段时间，大家已经习惯叫我大队长了。

"'多少人？'

"'敌人不少。'

"'砰——''砰——'平山林里响起了一阵枪声。

"于是，我命令部队准备战斗，并往南边撤退。

"还没有走出多远，敌人就跟在后边了。敌人机枪疯狂地叫着，手榴弹不断炸响。看样子敌人大约有一连兵力穷追过来。我双枪齐挥，射倒了几个敌人，并提醒大家相互掩护撤离。"

大家都知道，程德汉大队长的两支手枪是在长征时，毛主席授予的手枪。

"红军们交替着边打边撤。我哥因为腿伤还不利索，跑在后面。突然，他大叫一声扑倒在地。

"'程德江排长——程德江排长——程德江排长负伤了。'红军们喊着扑过来。当我跑过去抱起哥哥时，只见他胸口染满鲜血。这时我坚持要背起哥哥一起走，可他却坚决不肯，说：'德汉，你快带同志们撤，我来掩护。'几个红军冲过来要抱起他，你知道他做了一个什么举动吗？他举起驳壳枪顶住自己的脑袋说：'你们再不撤，我就开枪了。德汉，你听不听哥哥的话？快带同志们走！'

"敌人又迫近来了，子弹吱吱地乱叫。

"我泪流满面，叫红军们掏出几颗手榴弹留给哥哥，咬牙道：'撤！'一班长说：'大队长，我们一班留下来和程排长一起掩护大家。'

"'撤！'我又一声大吼，'哥，你……'

"'弟弟，为了保存革命火种，快撤！'

"我抹了一把眼泪，横下一条心带着大家打出一条通道之后，往南边撤去。

"'留得火种在，不愁不燎原！'我哥哥大吼着，他手中的枪也在吼着。

红色奶奶

"'轰！轰！轰！'老远老远了，红军们听见手榴弹连续炸响。

"远远地，他的呼喊声在山谷中震响！

"'中国共产党万岁！'

"'红军万岁——'

"'轰！'一声手榴弹爆炸声传来。山谷随之归于静寂。

"'程排长——'红军们大声呼唤着。

"一班长挥起枪喊道：'同志们，跟我杀回去，为程排长报仇！'

"'杀——'红军们喊声一片，要杀回去。

"'撤！'我眼泪唰唰地流着，用十分痛苦的表情说：'谁敢冲回去我就毙了谁！'

"红军们一边哭着一边撤退。

"最终把敌人甩掉了。

"整整跑了一天，红军们浑身汗水淋淋。一天来连饭也顾不得吃，渴了只饮些田里的水，沟里的水，红军们疲惫极了。他们撤到一个小村子里，刚好遇上琼东县委的一位领导同志，他把大家安置在老堡垒户杨大伯家，大伯给大家煮饭，安排休息。

"饭煮好了，是香喷喷的白米饭。南瓜汤也煮好了，黄澄澄的诱人。

"红军们围坐在饭菜前，却谁也不端碗动筷，都在默默地流泪。

"杨大伯催大家：'吃饭呀，快吃饭呀，累了一天，快吃点饭好休息。'

"杨大伯再三地催着，大家依然一动不动，越催红军们的抽噎声越响、越大。

"'程排长——'有个红军哭出了声，顿时红军们哭成一团。

"'大家吃饭吧。'我抖着嘴唇说。

"突然，一班长一把抓住我的衣襟凄厉地说：'大队长，你为什么不让我们救程排长？'红军们拥着我喊道：'大队长——'

"我两眼已哭肿，此刻，泪水又止不住流下来，翕动着自己的嘴唇说道：'你们以为我不愿救他吗？他是我哥哥呀，一个给我许多许多爱的哥哥呀！可是，我们不能再受损失了。我哥哥说得对，你们是革命的火种呀，火种，你们知道不知道？'

"我流着泪又说：'同志们，干革命哪能会没有牺牲？我们要继承他们的遗志，英勇斗争，夺取革命的最后胜利。'

"红军们昂起头，攥紧拳头。

"杨大伯流着泪激动地说：'程大队长，我们大家永远不会忘记程排长，不会忘记你的兄弟的。'"

是呀，程德江烈士和千千万万个先烈，是中国人民不朽的丰碑，人民将永远继承和发扬他们的革命精神。

"由于敌人追剿风声很紧，第二天夜里，我又带着红军们踏上新的征途……"

宣传常一边听着，一边流着泪水，她深深地懂得，自己的老公程德汉的革命情怀是真挚的，他对烈士长兄的情感是无法用语言来表达的……

这时,她慢慢地站立起来,泪流满面地把老公程德汉抱得紧紧的……

良久，泪水温暖了程德汉的脸庞，他推一推宣传常，动情地说："传常，我想了很久，由于当前的革命浪潮风起云涌，动荡不安，我最后还是决定把你的姓和名字全部改了，从明天起，你就叫做林花兰，意思是你是花林中最好的'花篮'，我要把像'花篮'一样的你铭刻在我的心中，永远永远永远都属于我程德汉！"

这时宣传常笑了笑说："这样还有一个好处，那就是敌人从此再也找不到我'宣福常'或者'宣传常'了！谢谢！德汉！"

夜深了，月亮也回家了，程德汉这才挽着林花兰的手一起走回了住处……

第八章

★

战场失利满心凄

　　第二天生活如常，战斗班的同志进行着早操训练，伙房的兄弟们在小猛子的带动下正在煮着稀粥，林花兰自己则在一个挨着一个收集伤员换下来的衣服，偶尔也会有一些红军把衣服事先送到伙房来冲洗。林花兰把衣服提到附近的小溪里帮红军们一一洗得干干净净。每当夜幕降临，她又会把红军们的衣服叠得整整齐齐地放在干净的桌子上让他们自己来认领。

　　日月如梭，转眼林花兰来到部队有近四年之久了，无论什么时候，她都没有放弃为兵服务的信念，始终把红军们的生活全部包揽下来。饭由她做，粮食不够的时候，一有时间，她要么叫上小猛子，要么独自上山采摘野菜野果，不管怎么样，她都想尽一切办法尽量让大家吃饱，有些伤员实在过意不去，就帮她到山上采摘一些野菜野果之类的食物。

　　衣服她抢着洗，一桶洗不完，两桶！两桶洗不完三桶！伤病员她护理，不论是官还是兵，她从来不分彼此！红军们都很喜欢这位手脚麻利、勤快，整天笑哈哈的阿姐。

　　有些调皮的红军们看到她日渐隆起的小腹，便开玩笑地说，恭喜阿姐变成了"大嫂"。

每当这个时候，她总会非常腼腆地笑笑说："我还是喜欢你们叫姐，那样显得亲切一些。"

而在这个时候，肯定会有人说：一来，我们大队长的妻子当然是应该叫"大嫂"的好；二来嘛，你总是把我们当作弟弟来看，叫"大嫂"显得亲切一些。

"大嫂，你什么时候给我们生个小大队长呀？"红军们常常这样跟她打趣。

林花兰呢，慢慢也不脸红了，而且会把"别急""别急"挂在嘴边。人多的时候问她的话，她会告诉大伙说："我都不着急，你们急什么呀？"

"有了小大队长，咱们部队更像个大家庭呢。"

"要是生了个闺女呢？"

"那就给我当儿媳妇。"红军们七嘴八舌地抢着说。

"你们呀，想得太美了，一个个都还没老婆呢，就想当爷爷了。你们呀，先等着我给你们一个个地介绍弟媳妇吧。"

红军们哈哈大笑。

来到小溪旁。程德汉一边洗脸，一边问："常妹，兄弟们说得不错，你什么时候给我生个小大队长呀？"

"他们起哄，你也跟着起什么哄呀？"

程德汉"嘿嘿"地笑了，他脑子里立刻浮现起那年回老家官塘受困时，侄女程万雅给他送饭时的情形，那副又害怕又焦急又可爱的神情是多么的令人难忘啊！

他想了想说："阿妹，要是个女孩就更好了。"

"你喜欢女孩子？"

程德汉把侄女程万雅当年给他送饭的情形说了一遍，又说："咱们琼崖红军的女子特务连是一群又漂亮又能打仗的女孩子呢，可惜她们被打散了。"

"不，我还是想生个男孩，生个像你一样会带兵打仗的顶天立地的男孩。"

程德汉叹了一口气说："我不怕苦，不怕死，可是，我希望到了我们的孩子那一辈不要再在硝烟弥漫中度日，让这个世界人人都远离战争，个个都过上和平安定的日子，家家都享受幸福快乐的团圆生活。"

"是呀。"林花兰忘神地凝望远处的山水。

她又羞答答地对程德汉说："德汉，我们的孩儿已有了好几个月了啊。"

说完，她指了指自己的肚子。

"真的？"程德汉高兴得一时间手舞足蹈。

"那还有假吗？应该有快半年了。"林花兰说。

"啊，啊……"程德汉跳了起来，大声地喊："我要当爹了，我要当爹了。"

林花兰拍了他一下，满脸通红地说："喊什么喊，还怕世界上的人不知道你要做爹了吗？"

"对！我就要让全世界都知道，我程德汉后继有人了。"

"你光顾着自己高兴，就不担心我害怕吗？这年头，你一天到晚既要行军又要打仗，到时，这孩子去哪里生啊？"林花兰忧心忡忡地说。

"别急，到时候，我送你回老家那边生不就得了吗，有大嫂和弟妹她俩照顾你，够热闹的吧！"

"哼！说得倒好！你看看，家，家不能进。屋，屋被烧个精光。"

"烧吧，等我们把敌人打败了，革命胜利了，那么大，你还愁我程德汉没得房子吗？"程德汉哈哈大笑。

"德汉，我可不听你的，一天到晚瞎说什么呀？我是不会离开部队，也不会离开你的。"林花兰眼泪汪汪地说。

寒风在门外呼啸，发出骇人的声响，窗户纸被震得噗噗地颤动。

林花兰的心"咚咚咚"地猛跳，两眼发黑，脑子里嗡嗡作响。她看着屋，屋在打转，看着桌子，桌子在旋动。脚下的花砖地面，也好像变成了稀泥烂浆，渐渐往下陷落。滚烫的眼泪，簌簌地落了下来。她右手不停地绞动着衣角，哽咽地说："德汉，我……我……我不回家，我不离开你。"林花兰抬起头来，向自己心爱的人哀求。

"行，船到码头自然直，车到山前自有路。我就不相信咱老程家的孩子没地方生，以后我还要有一群孙子、孙女、曾孙子、曾外孙女，让他们朝着伟大的革命道路前进，让红旗在祖国的大好河山上代代飞扬。"

"对！我们要让革命事业千秋万代传下去。"林花兰说完就紧紧地依偎在程德汉的怀里。

"报告大队长，这个罪该万死的沈亚福突然消失得无影无踪了。"一个红军官兵气喘吁吁地跑过来报告说。

"命令部队马上转移！"程德汉轻轻地把林花兰推开，铿锵有力地命令道！

就在这时，营区的西面也响起了一阵阵激烈的枪炮声。

副大队长胡友军跑过来说："大队长，沈亚福可能叛变了，不然，敌人不会这么快就摸到这里来。"

"我和高明带领突击队抢占东边的最高山头，你带尖刀班的跟在你大嫂他们伤员及后勤人员的身后断后，千万不要伤及无辜的人民群众。"

"是！"副大队长胡友军带领尖刀班与敌人一边交火一边往东

头山的对面牵引。

这时，敌人的枪声更近了，子弹像雨滴一样交织而来，地下弹坑的周围席卷着一阵阵粗细不均的尘土在到处飞扬。

"高明，机关枪，占领制高点压制火力！"

"是！"机枪"嗒嗒嗒"地向敌方的人群里喷着火花。有的红军官兵依托着树木对敌人进行还击，有的利用土包作为掩护正在采用游击战的方式与敌人周旋。

就在这时，敌人也架起了一挺重机枪向我阵地反压过来，敌我双方的子弹在空中时不时擦肩而过，火光在天空中交叉起舞。

这时，程德汉看见敌人黑压压地向红军大队开来，他立马意识到今天会是一场恶战！立即对副大队长胡友军说："我的代理人是你胡友军，你的代理人是高明，高明的代理人是小猛子，只要有一息尚存，我们的红旗就不能倒。今天咱们不能恋战，不能与敌人硬拼，一定要想办法保存好这支队伍。往下传，叫大家注意节省子弹，瞄准了再打，争取多杀伤敌人。打了就走，把敌人甩掉！"

"敌人冲上来了！"小猛子大声喊道。

"打！"程德汉命令道。红军大队又是一阵猛烈打击，敌人扔下了几具尸体好像退了回去。

"程大队长！他们不是投降，他们是在玩假把戏，你看看，他们那边有人在喊话了！"高明大声地告诉程德汉。

"程德汉！投降吧，你和你的红军大队全部人马今天是跑不掉的。我们国军已经把你们层层包围了！"

副大队长说："这是沈亚福的声音。"

"对！没错，这是沈亚福的声音！"林花兰也在一边应声回答道。

"这个王八蛋果真当了叛徒，还带着敌人过来偷袭我们，真是应该活剥了他的皮！这个吃里扒外的家伙！老子对他不薄呀！"程

红色奶奶

德汉咬牙切齿地说。

　　"投降吧，程德汉，国军会宽待你的，国军长官说了，你要是投降了，给你个团长当，给你享不尽的荣华富贵，出人头地。"沈亚福那粗犷而又嘶哑的声音咆哮着。

　　程德汉脸露青筋，咬牙切齿地骂道："这个可耻的杂种，我要他尝尝当叛徒的代价！"

　　林花兰一边不停地转移伤员，一边时不时地掏出腰中的手枪向着敌人的阵地瞄准射击！

　　"一定要干掉这个家伙。"副大队长胡友军建议说，"这个叛徒太危险了，会给我们带来无穷无尽的危害！"

　　程德汉与副大队长胡友军商量了一下，决定如此这般地打死这个可恶的家伙。

　　"投！"红军一阵榴弹从手中飞出炸得敌人一阵鬼哭狼嚎。

　　"长官,他是个死硬派,不给他一点厉害尝尝,他是不会投降的。"

　　"好，程德汉，老子今天让你尝尝我国军部队的威力。打，给我打！"敌人一阵猛烈地扫射。

　　"冲！冲呀！抓住程德汉，赏大洋一百块，抓住一个共匪，赏银三十块。冲呀！给我冲！"敌军官不停地叫嚷着。听到有重赏，一股玩命的敌人冲到了前方。

　　"同志们！快撤！"程德汉一边指挥红军还击，一边命令红军大部队和伤员往山上撤离。

　　敌人冲上几次,红军连撤几次。"没有子弹了。"一个红军报告,"我也没有子弹了。"又一个红军报告，一连几个红军都说没有子弹了。

　　"哈哈，我就知道你们跳不得几下，共匪没有子弹了。长官，再狠狠地打他们！"沈亚福在一边疯狂地嘲笑着。

　　敌军官喝道："兄弟们！打！共匪没有多少子弹了，狠狠地打！

冲！给我冲！"

敌人又一阵疯狂还击。这时我红军阵地上的枪声渐渐变得稀落起来，但是他们的枪法却一次比一次打得更准确无误了。

敌军官像丈二和尚一样一时间摸不着头脑，他们不知道红军到底还有没有子弹。于是在一边喊话："给我抓住程德汉，我国军大大地有赏。"

沈亚福又大声喊起来："程大队长，你那点家底我昨天就跟你清点过了，国军心里没底情有可原，要是我沈亚福都不清楚的话，那不就是笑掉大牙了吗？你们投降吧！要不就白白地送掉你那帮兄弟们的小命啦！"

"共军兄弟们投降吧！识相的话就不要再为姓程的卖命了，快投降吧，国军会给你们大鱼大肉和金钱美女的。"

红军们一听，纷纷摩拳擦掌，个个火冒三丈，大家齐声骂道："打死沈亚福这个浑蛋！"

在这生死攸关的关键时刻，程德汉作为一个义无反顾的革命者，只见他大喊一声："停止射击！"他做出了前所未有的决定！

这时，他给副大队长胡友军使了个眼色，副大队长胡友军手持机关枪，还有几个红军握紧枪杆，隐蔽起来。

程德汉喊道："沈亚福，你说的话算不算数？"

"算数，算数。"

"你说给我什么官当呀？"

"营长，不，是团长！"

"狗屁！你现在当什么官？"

"副连长。"

程德汉冷笑几声说："你一个副连长能给我一个团长的官？"

敌军官说："我保举你当个团长。"

"你的话能算数吗？"

"我用脑袋担保！"

"好吧，要是你说话不算数，到时候我拧下你的脑袋！"程德汉站起了身。

"你先把枪放下！"

程德汉扔下一把驳壳枪。

这时，一边的林花兰泪水如注，她多么想把自己心爱的人挽留在自己的身边，她多么想化作一枚炸弹飞到敌人的阵地，把对面的国军一举消灭，替红军们报仇，替丈夫出气！

就在她眼泪纵横的时候，对面的敌人又传来了更加疯狂的呼喊！

"程德汉你还有一把枪。"

程德汉又把另一把驳壳枪扔在地上。

"他们也要把枪放下。"敌人又说。

"没有我的命令，他们敢开枪吗？况且我们子弹已经打光了。"几个红军扔出了枪。

"哈哈，程德汉，我当你是个木脑袋，死路一条了还不开窍呢。没想到你还是想清楚了，弃暗投明就是一条好路嘛。"沈亚福得意忘形地说。

"上去！把他带过来。"敌军官命令说。

林花兰的心这时跳到了嗓子眼里，难道我心爱的人就这样把我抛下而去为革命牺牲吗？

不能！坚决不能！

然而在如此进退两难的时候我心爱的人又能选择退缩吗？

不能！坚决不能！

"哈哈！我的程大队长，你终于识时务了。"

"沈亚福，我程德汉问你一句话好不？如果我当了团长，我一定让你当副团长，报答你的恩情。”

“好！咱一言为定！”沈亚福连跳带蹦走过来。

“打！”副大队长胡友军的机关枪一顿猛射，那几个枪法较好的红军也一齐开火。

“啊——”一声惨叫，沈亚福身上被穿了几个窟窿栽倒在地。

“给我打！”敌军官狂叫着，敌人疯狂开枪猛打。

“大队长负伤了！”

“哥……哥……我最好的哥哥呀……你不能走呀！你千万不能把我抛下呀！”

林花兰和几个红军扑过来，只见程德汉身中几颗子弹，血流如注。“哥，哥！”林花兰痛哭流涕。

“撤！”程德汉命令道。副大队长胡友军一阵猛烈扫射，指挥红军们扶着程德汉撤退。

敌军官见沈亚福被打死，咆哮如雷，驱赶着国军更加猛烈地向我方阵地冲来。

已经有十来个红军牺牲了，伤员也不断增多。程德汉命令副大队长胡友军带领红军撤退，由他来掩护。胡友军说：“大队长，我来掩护！”程德汉说：“你的任务是把队伍带出去，带不出去，我枪毙你！”程德汉的脸色从来没有这般可怕，他接过机关枪命令道：“服从命令！撤！”

“哥……哥……不！我不要！”林花兰泪眼婆娑。

“撤！”

“撤！”副大队长胡友军带着红军们撤走了。

程德汉架好机关枪向蜂拥而上的敌人一阵猛扫。

“抓活的不行，死的也要！”敌军官发狂了。敌人拼命地冲着，机关枪响个不停。

程德汉又负伤了，他忍着剧痛，将机关枪的子弹打得一颗也没有留，而后，他又掏出驳壳枪，连连挥出。

"活着干，死了算，为革命，我们不怕流血牺牲！"

"干革命哪会没有牺牲？今天我为革命献生命，明天工农得翻身。"

这是程德汉平常教育部队的话。今天，他以自己的行动践行他的诺言。

程德汉子弹打完了，手榴弹也打完了，抓起石头向敌人砸去，抓起机关枪向敌人抢去。嘴里喊着："去你的，来吧！""哈哈，又赚了一个！""红军万岁！""中国共产党万岁！"他已身负重伤，浑身是血，蜂拥上来的敌人再次把他打倒在地。为革命，他光荣地牺牲了。

这时，万恶的敌人把程德汉的耳朵割下来，拿去邀功领赏，又将他的尸体挂在大街上示众。

敌人走后，妻子林花兰疾步来到了他的遗体前，她紧紧地拥抱着自己心爱的男人，亲吻着他的额头……不停地追问着："哥哥，你带走我了吗？一到这里，你就说我是一个'花篮'，要把我永远'留'在你心里！你现在看得见我吗？"

然而林花兰用尽了九牛二虎之力，她却怎么也不能把自己心爱的男人唤醒。她唯一能做的是在程德汉的遗体前苦苦不停地哭喊着：

"哥……你不能走啊！"

"哥……你不能走啊！"

"哥……你不能走啊！"

这时，副大队长拖着他那条鲜血染红的双腿赶来了……

高明也举着一只受伤的胳膊赶来了……

小猛子跪在程德汉牺牲的地方不停地叩着头，边叩头边哭诉着说："好人呀！你死得太惨了！我的恩人呀，你怎么丢下你还没有出世的儿子嘞……你不能走啊！"

然而，万泉河畔的优秀儿子、英勇善战的红军双枪大队长、令敌人闻风丧胆的革命英雄、中国共产党的优秀党员——程德汉，为了中国革命，为了工农大众的解放，为了中华人民共和国的诞生，流尽了最后一滴血！

他把鲜血洒在了万泉河两岸，洒在了琼崖大地，万泉河畔、琼崖大地开满英雄的鲜花！

他寻找真理，追求革命，不怕艰苦，不畏强敌，英勇奋斗，勇敢牺牲的革命精神，留给了后代，留给了世世代代的中国人民。

是年，程德汉烈士年仅 34 岁。

群山哭泣！大地哀嚎！万泉河水长流泪，官塘福地永悲伤！

当地老百姓为了纪念在这场战斗中英勇顽强壮烈牺牲的红军大队长程德汉和几名士兵，把这个石洞叫作"红军洞"，把红军开展革命运动的这座山称为"红军岭"。

第九章

★

冷狱如冰苦难言

敌人割走红军大队长程德汉的耳朵后，并没有放过他的妻子林花兰，随后不久，又硬生生地把林花兰捆绑到了国民党设在陵水的南霸天庭院的监狱。

从狱中清醒过来的林花兰却并不知道自己身处何处，她唯一能感受到的是一团漆黑的屋子臭气熏天，门缝里透出三道微弱的灯光，像平时燃烧着的三根香火。

开始，她以为自己还是在大山里的山洞之中，当她有气无力地喊着"小猛子""高明""副大队长"而无一句回音时，她似乎意识到了自己正面临着一场灾难，可她没有畏缩，因为她答应过自己深爱着的男人程德汉，一定会做到母在子在，子在母平安！一种无形的力量把她的灵魂和身体都支撑起来了，像一个巨人一样挺立着，她对自己说，别怕，门外不还有三束微微的光芒吗？

她努力地鞭策着自己，即使她有气无力，可她还是这样安慰着自己！

于是，在墙壁上那三束微弱的灯光前，她用尽全身力气睁开了双眼。首先映入她眼帘的是丈夫程德汉的尸骨，尸骨未寒，且抛尸

红色奶奶

荒野！林花兰的心里不禁一阵酸痛，情不自禁地大声呼骂道："你们这帮畜生！你们这帮畜生！快点放我出去！快点放我出去！"

林花兰的声音惊醒了看门的国军士兵。

就在这个时候，林花兰突然听到"吱"的一声，屋里的灯光渐渐地、渐渐地明亮起来了。

这时，她意识到一双粗大的黑手正在向她袭来，她突然像弹簧似的跳了起来，大声吼道："给老娘滚远一点。"

林花兰的吼叫把三栋房子的尘埃都震动了。

一时间，饥渴向她无情地袭来，她已经三天没有进一粒粮食了。

"他娘的，老子饿死你！"此时门口传来这样的声音，似乎就是刚才那一双黑手的主人的声音。

接着又听到"哐当"一声，一只铁碗掉到了地上，紧接着又听到了"咯咯咯"的声音，这是公鸡的叫声，显然是在咀嚼着刚刚洒在地上的食物。

林花兰哽咽了一下，一口清淡的口水从天而降，于是她的全身似乎又一次舒展开了。

又是"吱"的一声，门打开了，首先进来的是一个高大的身影，而后又听到一阵急促的呼吸声。

这时，林花兰已经没有一丝反抗的余力了，可是，当大汉看到地上七零八落的瓷器碎片时，他似乎明白了一切，眼前这位如花一般的女人，一定是极具男人的气概，要不怎么敢把盛饭用的瓷碗砸得如此粉碎呢？要不怎么能在这种臭气熏天的牢房里都还不依不饶呢？于是他捏着鼻子快步走出了房门。

"老八，给点厉害瞧瞧！要不她是不会服软的。"

随着一声口哨，一条凶悍的黄狗狂奔而至，哼哼唧唧地直奔林花兰。狗似乎闻到了一股异常的味道，没有十秒钟的工夫就撒腿而逃了。

又是一个阳光明媚的早上，小小的窗户上透过几丝光线，林花兰又一次从沉睡中清醒，只听见她歇斯底里地大声呼喊着："哥呀！我的好哥哥！你在哪里？"瞬间，她又昏迷过去了。

不知过了多久，林花兰再次醒过来，她已哭哑了声，哭干了泪，嘴唇干枯，嘴巴里不停地念叨着："德汉哥哥，我的好哥哥，你不能走啊……"

那是无法忘却的一幕，也是全天下有血有肉的中国人民永远也无法忘却的一幕：

那一天，你负伤了，此时的你，身为大队长的你，完全可以选择逃生，选择撤退，可是你没有，我的好哥哥！好德汉，你却选择了命令别人撤退，选择把生的希望留给别人，而把死亡留给自己！我看到你在掩护你的部下的时候倒下了！你硬是用自己活生生的一条命擎起了一面鲜艳的共产党员的旗帜——舍己为人，死而后已！

德汉，你听得到吗？你掩护的副大队长胡友军和其他一部分人得救了，我林花兰其实是不想走的，有千万个理由要陪着你，我和你一路走来，走得是多么幸福和惬意啊！在我随部队撤走了一段路程之后，其实我已折返，离开队伍向你来，因为我对你孤军奋战是放心不下的，不能丢下我心爱的人，丢下我托付终身的人，丢下我要相伴一生的人，我无数次地立下决心要做照顾你一生的人。于是我返回来了，我宁愿被打死，也要返回来。然而，就在我带着止血带、带着消炎药、带着绷带来抢救你的时候，离你只有二十来步就可以回到你身边的时候，没想到你再次中弹了，任凭我怎么大声呼喊："哥，我的好哥哥"，你还是一头栽倒在地上了。

林花兰意识清醒了，她摇晃了几下脑袋，自言自语地说："我的个天呀！我这究竟是在哪里呢？"

红色奶奶

　　她趁着门缝里透进来的三束微弱的灯光，慢慢地环视着这间异味难闻的房屋，她想探个究竟，可是她推不开门，叫人没人答应。这时，她下意识地摸了摸肚子里的孩子，似乎还有一些动静。这时，她心头上突然产生了一股强烈的求生的愿望，大声疾呼："放我出去，放我出去，谁放我出去我就给谁十块大洋！"她从地上爬起来，一步步爬过去想把门推开，可是纵然她用了九牛二虎之力，还是不能把门推开，只听见外面门锁头的"哐当"声。

　　"我被捕了？"林花兰断定了自己的处境时心头掠过一丝寒意。当她再一次对自己的处境进行判断的时候，她明白了自己确实是已经被捕了。这时，她反而沉静下来。

　　林花兰想起了丈夫程德汉大队长曾经对她说过的话：

　　那时，丈夫的一个革命引路人名叫"王绰余"，他曾经非常严肃地跟德汉说："汉弟，干革命不能凭一时之勇，图一时之快。当然，你有正义感，有同情心，这是干革命起码的品质，但是，要注意保护自己，注意发动群众。如果当时你们能动员居民、职员、店员、工人参加你们的行动，效果不是更好吗？我们在万泉河边长大的人都知道，有激流必有暗流，同样，有革命就必定有反革命……革命是复杂艰巨的斗争，我们要做艰苦的努力，要做好流血牺牲的准备。在大罢工和农民运动中，我们就牺牲了不少同志。"

　　当时的林花兰参加革命队伍的时间不长，加上小时候又出生在老市上的一个商人家庭，没有更多的压力和艰辛，这次被捕之后，她感受到了一阵无形的威胁和伤害，更让她难以释怀的是丈夫程德汉的牺牲给她带来的巨大伤痛。

　　刚才还是英勇神武的红军大队长，怎么转眼就被打死了呢？那如注的殷红的血，染红了她丈夫的全部衣裳，可是，就在那一刻，丈夫程德汉的神情却更加威武，凛然不可侵犯。他在命令副大队长胡友军带领部队撤退时，脸上焕发出一种果敢的刚毅，那口气和声音是那般的严厉，令人不得不服从。她下意识地随部队走了一段路之后，突然明白了，她应该留在丈夫的身边，与丈夫并肩作战，与丈夫相依为命。可是，敌人把丈夫的耳朵割下，把尸体抬走示众后最终就不知去向……

"土匪！强盗！还我丈夫命来，还我的哥哥命来……"林花兰声嘶力竭地叫着、喊着。那凄厉，已惊天地！那悲怆，已泣神鬼！对！就是这群穷凶极恶的国民党匪军，杀害了与她相亲相爱的好哥哥程德汉，杀害了她托付终身的好丈夫程德汉！

"土匪，国民党，强盗……"林花兰又凄厉地大骂起来。

"报告长官，她醒过来了。"有一个声音在她门外响起，房门打开了，走进来几个国民党兵，不由分说地把她押出了牢房，在拐了几个弯之后又把她推进了另一个牢房里。

这时，一个小白脸国军嬉皮笑脸地向她走来了，他带着微笑，带着关怀，开始和蔼可亲地问道："请问你叫什么名字？长得这么漂亮怎么投奔到共匪那儿去了？你在红军队伍里是干什么的？"

林花兰这时打起了十二分精神答道："我的名字叫阿芳，不知道什么红军不红军，更不懂得什么叫'共匪'，只是为了混口饭吃，谁给我饭吃我就帮谁干活。"

这是以前程德汉教她说的。

"哦，当炊事员的。"

"不，是煮饭的，炊事员是什么东西我不明白，我只知道自己是煮稀饭和干饭给别人吃的。"林花兰故做糊涂地纠正说。

那小白脸国军听了哈哈大笑，说："你们共匪多少人？平时在什么地方落脚？只要你老老实实说出来，我就把你安排到我们国军的军队当一名正式的国军军官！"

红色奶奶

　　"不知道！不知道你说的是什么。我也不懂得什么叫共匪，什么叫国军，更不会参加你们的什么队伍，我只是一个做饭的人！"林花兰直截了当地说。

　　"不知道？那你这当伙夫的不是每天都乱下米吧？"小白脸国军引诱道。

　　"有时候是几个人，有时候是十多二十个人，有时候是几十人，最多时候是一百多人，反正每天都有变化，每天都是其他人说了算，我只是干活而已。人多的时候，也没有人安排我去数人数，反正我就是洗洗菜，我只是一个帮忙干活的。"林花兰仍然故做糊涂地敷衍道。

　　小白脸国军见软的不行，便盘算着要来"硬"的了。

　　"你一个白白净净的脸蛋，要是长一个什么伤疤之类的，你觉得会好看吗？"小白脸国军嬉皮笑脸地说。

　　机灵的林花兰能听懂小白脸国军的意图，但她依然故做糊涂地说："我这张老脸是不值钱的，你们想怎么样就怎么样吧！"

　　小白脸国军脸上的笑容消失了，他咳嗽了一声之后，对着牢房的门外大声喊道："弟兄们！给老子上'家伙'！"

　　就在这时，敌人搬来了一盘熊熊燃烧的炭火，炭火中还有一把烧得通红的三角形的烙铁，进门的敌军一手拿着烙铁，一手抓着林花兰的一只胳膊问道："你说不说？不说就送你一个鲜红的三角形'烙饼'！"敌军说完用烙铁在牢房的一根木柱上烫了一下，顿时，木柱上马上弥漫出了一阵扑鼻的樟树味儿。

　　"那天打仗，你们共军多少人？"

　　"打什么仗？我不知道！"

　　在场的小白脸国军指挥官怒了，他两眼怒睁，大声喊道："上刑！给我狠狠地烫！"

小白脸国军一声命令，敌军立即将那块三角形烙铁印到了林花兰的手掌上！这时只听到"啊"的一声惨叫，林花兰又不省人事了。

"脱下她的裤子！"小白脸国军又在一边命令道。

行刑的敌军马上脱下了林花兰的下衣！

"给我继续上刑！"小白脸国军咬牙切齿地狂叫着！

这时，敌军又在林花兰的大腿内侧各烫了一个烙印！

林花兰这时已经昏迷了，也感受不到什么叫疼痛了。

"来一桶凉水！给她清醒一下。"小白脸国军又一次吩咐着在场的敌军。

敌军不到十分钟的工夫果真挑来了一担冰凉的井水。小白脸国军一边用凉水浇林花兰，一边大声地咆哮着："我叫你不说，我叫你尝尝我的厉害！""我叫你不说，我叫你尝尝我的厉害！"

林花兰在冰凉的刺激下，又一次睁开了双眼。

"上次打仗你们应该是三十来个人吧？"小白脸国军瞪大眼睛问道。

林花兰摇了摇头，还是没有说话。

小白脸国军愤怒了，大声地骂道："她娘的，我们一个连与你们足足打了六个多小时，还被你们打死了二十多个人，最后没想到还让你们的人给突然跑掉了。"

"你们该死！"林花兰用尽全身力气回答道。

听林花兰这么一说，小白脸国军更加愤怒了，他举起手中的皮鞭朝着林花兰抽打了十多下，又一次气势汹汹地问道："共匪红军现在败逃到哪里去了？你到底知不知道？"

"我说了，不知道什么是共匪！不知道就不知道，你是一个猪脑袋吧！听不懂人话吗？"林花兰没有畏惧敌人的熊熊烈火，也没有害怕惨烈的皮鞭，她依然没有说出红军可能的去向和真实的人马！

红色奶奶

"你知道这一带共产党的组织和人员吗？"

"你没有精神病吧！我说过了，你们说的这些什么东西我根本听不懂，我告诉你们了我只是一个做饭的。"

小白脸国军问了几件事情，林花兰都回答"不知"或"不识，不认识"。一时气得白脸变红，红脸变黑，失去了耐性，他突然又大吼一声："你怎么什么都不知道，不认识，不懂呢？"

"来人，给我用烙铁烫她的嘴巴！"失去人性的小白脸国军控制不了他的情绪了，于是下达了惨无人道的命令。

敌军又一次给林花兰用上了酷刑！

可是，任凭他们怎么折磨，林花兰就是生也不谈红军的事，死也不说共产党的秘密！

"你们想一想嘛！我一个煮饭的，人家能把事情告诉我吗？"林花兰的嘴流着血，发出啧啧的声音，可就是听不到林花兰的一声哀求！

"混账！你敢耍我？打！给我狠狠地打！你这贱骨头生下来就是欠打。"小白脸国军在牢房中来回走动，叫嚣着。

两个敌人把林花兰捆在柱子上，挥起皮鞭，朝着林花兰又是一顿乱抽。一阵阵剧痛直透心来，豆大的汗水从脸上一滴一滴地往下滴个不停，一声声惨叫震动了监狱。

"说，共匪跑到哪里了？"

"不知。"

"这一带共产党都是哪些人？"

"不知。"

"打！我就不信撬不开你的嘴！"

这时，凶残的敌人又是一阵暴打，林花兰在剧痛中又一次昏了过去。裤腿的鲜血也慢慢地渗透出来。

敌人这时并没有发现林花兰已有身孕，依然把一桶凉水从林花兰的头上浇了过去，林花兰又一次睁开了双眼。

"你说不说？"小白脸国军已经变成了小黑脸。

"我不知，不识……"林花兰微弱地回道。

"打！把她打到知道，打到她懂！"

残暴的皮鞭一次又一次地抽打在林花兰柔弱的血肉模糊而又有孕的身上，林花兰又一次昏死过去。

当林花兰再次醒过来的时候，小窗里透出惨淡的月光。疼痛使得她不由呻吟了一下。可她的心仍然离不开丈夫程德汉，只要她一苏醒过来，她的思念如潮水一般涌来，一次又一次地撞击着她的心扉，她知道丈夫虽然已经魂归九泉了，但是一定同样在思念着自己，想象着她自己的每一个细微之处。想到这些，她突然又大声地哭喊着："哥哥，德汉，你怎么不等着我就走了，你为什么不肯等着我呢？"一想到她心上的哥哥，身上就不怎么觉得疼了。醒来之后的她，仍然在嘤嘤地哭着："哥哥，我的好哥哥……"

第二天，小白脸国军怒不可遏，一开始就叫加刑，上老虎凳，灌辣椒水，林花兰一次又一次地昏死在他们的酷刑之下，但是，她心里还只是想着她心爱的丈夫程德汉，尽管敌人毒刑施尽，她始终回答"不知""不识""不懂"，小白脸国军始终束手无策。

过了几天，小白脸国军已经心烦意乱，他在想，也许从这个女人的嘴里是无法得到自己想要的东西的。

小白脸国军发现林花兰已有身孕，便对敌兵说："放开她。"

一连几天，敌人没什么动静，林花兰在时昏时醒中度过。

又是一天的清晨，敌人的一个看守兵过来说："我给你出个主意，你不是怀孕了吗？你要是讲出红军的所有秘密，我就叫我们的长官奖赏你100块大洋，正好你生儿子也需要去备一些衣服和被褥，对不？"这显然是敌人玩的花招！

林花兰一听，心想狗嘴里是吐不出象牙来的，便厉声说道："你去做梦吧！我不知道你在说什么东西！"

敌人的小兵又改了口吻，在她的耳边小声地说："喂，你能不能叫个人来作保，我们就将你放出去。"

林花兰不管敌人跟她说什么，她不是摇头，就是说不知道！

百般刁难之后，国军最终确定是无法从林花兰的嘴里得到一丝有用的信息的，林花兰只知道说："不知""不懂""不识"。与其跟这样一无所知的女人浪费时间和精力，还不如将她变废为宝——卖了！

于是便向外透出消息，在他们国军的监狱里关着一个如花似玉的外地姑娘，要是有中意的可以交个保钱就把她带走！一来可以传宗接代，二来可以烧茶递饭，三来嘛，这个就只可意会不可言传了。总之，谁给我们国军的钱多，我们就保给谁！

消息一传出，当地有钱的人纷至沓来……

正当敌人想利用林花兰赚上一笔的时候，奇迹出现了。一天早上，太阳公公刚刚露出头的时候，南霸天宅院的上空突然飘过一阵乌云，可是一会儿工夫，天空又突然变得风和日丽，云开雾散了。就在这时，监狱里传来了一阵阵婴儿的"呜哇""呜哇""呜哇"的哭叫声。

监狱里怎么会有婴儿的哭声呢？这又是谁家的婴儿呢？

看门的老头门前屋后四处寻找，没有发现任何婴儿，心想是不是林花兰产下了婴儿呢？带着一丝悬念，他打开了林花兰的牢房，果真看到了一个血淋淋的小孩正在她怀里啼哭，他不由分说地把这个婴儿抱出了监狱。

"不！这是我的血肉，你们不要做任何梦想！"林花兰撕心裂肺的哭泣惊动了一个又一个监狱外的过路人，这是生命的初衷，他有罪吗？没有！完全没有！有什么理由不给他生存的权利呢？也没有！出于良心，是一定要让他生存下去的。

可是，作为一个刚刚分娩的妇女，她已是全身无力，更不可能从老头手中抢回自己的亲生骨肉。转念一想，纵然我林花兰有太多的不舍，凭着自己的监狱生活又怎么能将自己的骨肉养活呢？这在她心里的答案肯定是"不能"。

一个血淋淋的骨肉，不但出生就不能见到自己的亲爹，更不能让自己的生母哺乳和陪伴，这是一个多么不幸的事实啊！

瞬间，林花兰只能断然做出决定，"看门的大爷，我林花兰求您一件事，不管是谁带了我的这个娃，请记住他家的姓名和地址，等有朝一日我一定要把他认领回家的，这是我一个做阿母的最基本和最起码的人性要求！"

大爷没有点头，也没有摇头，只是把这个婴儿带出了监狱。临走的时候，林花兰给这个儿子取名程万东。

第十章

★

母子重逢福满堂

到底是程万东给林花兰带来了好运，还是林花兰给儿子程万东带来了幸福，或许二者都有。

不过，红军大队长的妻子林花兰狱中产子的事随后就在陵水县南霸天监狱附近的十里八乡传开了。不知情的人有的说狱中的产妇美貌如花，有的说她是中年丧夫，有的说她是未婚先孕……总之，各有各的说法。

不管是什么"版本"，大家都知道的事是任何一个新生事物的诞生总会引来一些连锁反应。

比如，当地的一个地主，他和妻子结婚十多年来，虽然娇妻艳丽迷人，但是不能生儿育女。心想要是能找到这个美若天仙的狱中女子为其传宗接代，岂不是互利共赢？一来解决了自己的心头之痛，二来解决了母子的燃眉之急。于是他找到看管监狱的老头，给了几块大洋，想通过他过话问林花兰愿不愿意改嫁豪门，并将其生下的孩子改名换姓，为其传宗接代？

林花兰得知地主意思后，立马严词拒绝了这个地主的请求。

与此同时她还郑重其事地告诉看监的老头说："从现在开始，

凡是要来保释我的人有额外条件和额外要求的一律免开尊口，我林花兰在此对天发誓——我的儿子程万东行不更名，坐不改姓。因为他是革命烈士程德汉的遗腹子，是他们程家三位烈士兄弟的独苗，不管怎么样我林花兰不能见利忘义，即使自己将来讨米要饭也要把他养大成人，为死去的阿爸报仇！"

坚贞不屈的林花兰拒绝保释，也绝不改嫁的消息一时间在琼崖传开了，消息马上传到了我党地下工作者的耳朵里。

这天，一位姓蒙的老伯来到了南霸天监狱里，找到了负责关押林花兰的小白脸国军军官，他一上来就说："长官，你饶了我女儿吧，她并不懂得什么，我愿意保她出去。"接着他又悄悄地给小白脸国军送了一包大洋，小白脸国军觉得能榨到这样一笔钱财也就算老天赐福了，便将林花兰交到了那个姓蒙的老人手里。

这姓蒙的老伯不是别人，正是受当地党组织委派的革命骨干。

蒙老伯把林花兰领回家中，故意大声地说："女儿，你受苦了。"林花兰惊诧地说："老伯，你……"

蒙老伯说："闺女，爹心里明白着呢，我相信你也应该明白是谁救了你呀！对不？"

林花兰恍然大悟，这一定是共产党的地下组织在营救自己，于是转身就说："爹，女儿谢谢你了。"

蒙老伯这时小声地说："女儿，你是人民的好女儿，爹关心的是你生产的孩子无人养育，他可是咱们程德汉大队长的遗腹子啊！希望你把这孩子早日抚养成人，这不仅是他程德汉大队长的后代，也是咱们工农红军的后代，是咱们革命人民的后代啊。"

可是十月怀胎娘受苦，一朝分娩不知踪！林花兰自己生下的那个叫"程万东"的儿子此时此刻又身在何处呢？

就在她要去寻找儿子程万东的时候，屋子里突然传来了一声啼哭，原来蒙老伯知道革命后代被不知内情的人收养之后，他出高价把林花兰的儿子程万东又收养过来了。

林花兰从蒙老伯手中接过只能"哇哇"啼哭的程万东之后，"扑通"一声地跪在了蒙老伯的跟前，痛哭流涕："小女子多谢蒙老伯的救子之恩，我代表死去的程德汉携子向您三叩首，以表重谢！"说完她把儿子抱在怀里，接二连三地在地上叩了三个响头！

就这样，母子俩便在这样一位地下党员的家中重逢了。

"同志！人生的痛苦之事十有八九，你也不要悲伤过度！还要养好自己的身体养育儿子呢。我这里不是你们母子的久留之地，你还是趁着天黑早早地赶路回到他的祖屋官塘村去吧！那里的列祖列宗会保佑你们母子平安而归的！"

蒙老伯语重心长的话让林花兰一时明白了许多道理，于是她转身对儿子说："儿呀，革命的儿，你一生下来，就见不到你的阿爸，但是，你永远不要忘记了这位德高望重的蒙老爷爷，你永远不要忘了你的阿爸程德汉，他们是妈一辈子敬佩的人、一辈子永远不会忘记的人。你要继承你阿爸的遗志，完成他未竟的事业，把革命进行到底！等到革命成功了，一定不要忘记了这个曾经帮助过你的蒙老爷爷！"

拜别蒙老伯，林花兰就踏上了赶回官塘村的路，那里是她儿子程万东的根，是与她丈夫程德汉血脉相连的故地。即使有千万个理由说300多公里的回家路是艰难困苦的，但是，只有一个必须回去的理由，那就是林花兰曾经对自己心爱的丈夫许下的承诺：母在子在，母子平安。

第十一章

★

归途路漫艰辛苦

走出蒙老伯的家，林花兰就踏上了回家寻亲的路，是走山间小道，还是顺着万泉河一路北上呢？

她一边走，一边思索，很快她就做出了一个决定，因为儿子叫万东，应该朝着东北方向随万泉河顺势而下，要是自己迷路了，放一片树叶在万泉河里看看树叶在河水中漂流的方向，那就是自己要去的故乡——官塘村。

主意已定，她便背着儿子程万东出发了。

这是 1936 年的秋末冬初，海南的大地依然是绿油油的，天也还是那么的蔚蓝，树上的鲜花依然芳香扑鼻。

然而前行的路上也有蚊虫叮咬、毒蛇穿梭，加上革命处于低潮，想起孤儿寡母这漫长的回家路，她骤然打了一个寒颤。可是一想到丈夫生前跟她说的一切，她又变得精神抖擞了。

就在这时，她看到地上有一堆柴火，便顺势捡来一根最粗的，一来当作拐杖，二来可以用来防身。

当她来到万泉河畔时，突然下起了一场大雨，举目环望，四周空无一人，加上从监狱里出来后粒米未进，一时间她突然感受到了

红色奶奶

饥肠辘辘，怎么办呢？

"动口三分力！"这是打小就听师母和师父常常挂在嘴边的话。她抬起头来，发现路边的树林里有一些野果。她一手抱着正在啼哭的儿子，一手抓住野果树的树干上，用尽全身力气一摇，早已成熟的野果便哗哗地掉落下来。她如获至宝，一个一个地清洗干净，把野果的汁挤出来。果汁喂给儿子，果渣送进自己腹中，慢慢地、慢慢地，林花兰恢复了元气……

走着走着，她遇到了一户有烟火的人家，便轻轻地敲了三下门。开门的是一个八九十岁的阿婆。

"阿婆，方便给点个火吗？我儿子被淋湿了，我想把他的衣服烤干。"林花兰几乎是带着一种哀求的口气问道。

望着这一对湿淋淋的母子，老人心里一惊，连忙说："好的！进来，进来！别的帮不了你什么，一炉柴火还是没得问题的哟！"

林花兰听老人这么一说，如同抓到了一根救命的稻草，她连忙走进了阿婆家。

这是一个家徒四壁的家，阿婆光着脚，下身是一条单薄的裤子，上身是一件补丁叠补丁的黑色上衣，一头白发包着的是一个消瘦的脸庞。当一阵凉风吹来的时候，阿婆不禁颤抖了几下。她扶着门框，慢条斯理地问道："姑娘，你大雨天的孤儿寡母在这荒郊野岭赶路是要去哪儿呀？"

"阿婆，我要去琼海市嘉积镇的官塘村。"林花兰看她的年龄上了八十来岁或者接近九十岁的样子，就毫无戒心地告诉了她。

"官塘吗？我知道，那里有温泉！离我们这儿老远呢。"白发苍苍的老人一边慢条斯理地说，一边给林花兰找来了火柴，"吱"的一声，炉子里的柴火就冒出了红红的舌头。

林花兰一边在炉火边烘着衣服，一边抱着儿子想喂他一口奶吃，可是只听到儿子含着奶头在哼哼唧唧，就没看到他咽下什么乳汁。

阿婆看在眼里，痛在心里，连忙走到鸡窝旁边，弯下腰扒拉着鸡窝里的那一堆稻草，终于找来了一个鸡蛋。她高兴地笑了笑说："命好！命好！国军还没有全部清干。等等哈，我来给他冲个鸡蛋饱饱肚子，你看他饿得肚子都瘪了。"

程万东在这位好心阿婆的帮助下，终于第一次尝了荤菜。

天下着雨，一时半会儿也没有要停下来的意思，转眼快到中午了，阿婆执意留下母子用餐，但被林花兰婉言谢绝了。

临出门的时候，她在阿婆的帮助下找来一个塑料布裹着程万东，就又一次起程了。

脚下是满地稀烂的泥巴，林花兰每走一步，脚就要打一次滑，加上雨水斜织，海风四起，要不是手上的那根木头拐杖，不知道林花兰会跌倒在泥泞之中多少次，然而，不管旅途多么艰辛，不管肢体多么疲乏，都没能迫使她停下前进的脚步，她仍然在一步一个脚印地艰难前行着。

午时过后，她实在走不动了，她突然发现了万泉河边有一块菜地，地里长满了绿葱葱的地瓜苗，菜地里一位戴着竹帽的老农正弯着腰在挖地瓜。她眼前一亮，便上前求助了。

"大叔，行行好可以不？大叔，行行好可以不？"林花兰有气无力地说。

这位大叔抬头一看，是一个骨瘦如柴的妇女带着一个饿得只剩下皮包骨的婴儿，他连忙说："姑娘，我能帮你什么？"

"我想跟你讨个地瓜填填肚子行不？"林花兰小心翼翼地说。

"行！行！你挑大的捡就是了。"大叔没有一丝迟疑，立即毫不犹豫地答应了林花兰的请求。

林花兰含着眼泪，慢慢地弯腰捡了三个地瓜。

　　大叔看在眼里，痛在心里，他走到林花兰的跟前，说："姑娘，你多捡几个吧！看样子你也是蛮艰难的，你不吃，那些国军也会来我们家抢走的。"

　　林花兰想说什么，但突然又把话咽回去了。

　　细心的大叔从林花兰的眼中看出了她的心事，连忙说："姑娘，国军也让你受委屈了吗？"

　　林花兰装作一无所知地摇了摇头说："我不知道国军是做什么的，我只是路过这里。"

　　大叔看了看林花兰，又看了看她怀里的小孩说："作孽呀！这孩子饿成这样！"

　　林花兰点了点头，说了几声谢谢后，又开始赶路了。

　　来到万泉河边，她发现正好有一块石板便于弯腰洗涮，她便索性把背袋中的地瓜清洗得干干净净，先是自己吃了几口，清甜爽口的地瓜如同一股巨大的动力源泉又一次驱动着林花兰，她再一次感受到了一丝幸福。接着她把地瓜嚼碎，口对口地喂到了儿子程万东的樱桃小嘴里。每喂一口，程万东就咧着嘴朝着她笑！

　　漫漫冬夜，正在一点一点地向她们走来，没有一丝怜悯，也没有一声叹息，无情地、毫不犹豫地走来了。

　　林花兰在想，怎么办呢？脚上的血泡在慢慢地凸起，汗水又一次湿透了她的衣裳。这时，她突然想起了阿母告诉她的一句话："晴天走白路，雨天走黑路！"于是她坚定了继续行走的信念。

　　一天她走了多远，自己全然不知，后面还有多少路没走她也无从知晓，唯一知道的是自己行走的方向是回家的方向。

　　月亮慢慢地探出了它圣洁的头，林花兰就着它赐予的光芒一步一步地行走着，突然眼前出现了一个白色似树根的东西，可她没有在意，当走到这个白色树根形状的东西附近时，这东西突然站立起来了，并慢慢地在向她移动。

瞬间，林花兰毛骨悚然，鸡皮疙瘩遍布全身，她把已是沉睡之中的婴儿就势放在地下，而后本能地、情不自禁地举起手中的木棍朝着那个移动着的物体飞奔而去，她只有拼了！这是她唯一能做的。

当她举起手中的木棍飞奔过去，这个移动的物体突然掉头跑了！

当林花兰冷静下来后，她发现这是一只白色的野狗，不过等她明白之后，一身冷汗已经如雨而至了！

她坚定地跟着万泉河的水流方向时而飞跑，时而信步，时间在一分一秒地流逝，她似乎看到了前面的一束曙光向她射来。

这已经是她在旅途中行进的第五个深夜了。这时，她似乎感受到了眼前这个山脉的轮廓在月光的照射下是那么的亲切和熟悉，她又发现前方有一盏昏暗的油灯。于是她鼓起了勇气冲了过去，是的，是一个有人的屋子。她轻轻地推开了紧闭的木门，一眼就看见眼前的阿姨是她曾经的一个邻居。于是，她用尽全身力气叫了一声胡阿姨，便一头昏过去了，手中的婴儿也跌倒在地，接着就是一阵撕心裂肺的啼哭……

"福常！福常！是我们的福常呀！他大叔，你赶紧过来把她抬到诊所。"胡阿姨认出了眼前这个蓬头垢面的姑娘正是跟着红军闹革命的宣福常，于是找人把她抬到了老市上的药店。

来到药店，接诊的不是别人，正是林花兰的师母和师父！

岁月是无情的，原来秀丽如花的姑娘如今成了一个衣衫褴褛、满面沧桑的中年妇女，脸上没有一丝血色，身上没有一片干纱。师母一时泪水涌出，她帮林花兰寻找换洗的衣裳，帮她安顿好熟睡的儿子程万东；师父擦拭她的伤口，熬药。林花兰倒下了，她倒在她曾经还是如花似玉的少女时生活的村庄，倒在曾经与她朝夕相处的师母的诊所。她得救了！

红色奶奶

　　挽救她生命的是上苍，是她心爱的丈夫程德汉，是她当年的邻居，是她十分亲近的师父师母，更是她自己！

　　在师母家调养了一个月后，林花兰带着儿子程万东回到了官塘村。

　　这是 1937 年的春末，林花兰环视着已被烧得面目全非的房屋，断壁残垣，从大哥程德江的大女儿程万雅、小女儿程万蓉，还有三弟程德河之女程万凤口中得知家中父母已先后逝世，三弟程德河 1936 年被迫转移南洋，不知生死，三个侄女在家艰难求生。她隔日就筹资拜祭了从没见过面的公婆，之后，就把忧伤的泪水化作了强大的求生之力，慢慢地开始了她人生的又一次跋涉。

第十二章

★

积德接生为人梯

　　回到官塘村的当晚，侄女万雅、万蓉，还有年幼的程万凤就眼泪汪汪来到了婶婶林花兰的身边。虽然这是一个空空如也的家，但是婶婶林花兰的突然归来，室内马上填满了无尽的欢乐，姐妹们的眼神里也重新燃起了希望的光。

　　"万雅、万蓉、万凤，如果敌人和邻居问婶婶是做什么的，你们怎么回答？"林花兰躺在床上试探性地询问。为防止小孩年幼无知说错话而引来不必要的麻烦，林花兰与侄女见面后的第一件事就是加强保密教育。

　　机灵的万蓉马上抢答："婶婶是一个土郎中，专门给村里人看病的。"

　　"那别人要是问你婶婶叫什么名字，你们怎么回答？"林花兰又问。

　　"我婶婶叫什么名字您还没告诉我们呢。"万蓉说。

　　"万雅、万蓉和万凤你们三个听好了，因为敌人现在到处在寻找红军和与红军有联系的人，重则他们会对这两种人进行枪杀，轻则会对他们进行打骂和关押，所以现在婶婶的名字改叫了林花兰，你们可得记清楚了！知道吗？"林花兰一脸严肃地说。

"嗯，记好了，林花兰，树林中的'花篮子'！哈哈，我婶婶是树林中的'花篮子'！"万雅风趣地说。

"婶婶，那我们什么时候会没有敌人啊？"

"那要等到红军胜利了才没有敌人！"林花兰说。

"您还当红军吗？我叔叔呢？"万蓉小声地问。

"你叔叔和他的战友们在战斗中，死的死，伤的伤，现在有的不知去向，有的已经战死疆场！从现在开始，我也就不能为红军服务了！主要的任务就是养活你们这个小弟弟程万东和小妹妹程万凤，同时你们的叔叔还吩咐我也要带好他烈士哥哥程德江的两个女孩，也就是你们两姐妹。知道了吗？"林花兰一五一十地告诉年龄稍大些的两个侄女。

万雅、万蓉两人听了婶婶的教导，一边点头一边异口同声地回答说："知道了！"

"那好！知道了就千万不要说漏嘴了！从现在开始，我们就是五口之家，你们三个都是程万东小弟弟的阿姐，我就是你们俩姐妹的阿母一样的婶婶。我们一起生活，一起下地，一起上山，一起收割，总之从今往后我们五个人形影不离、相依为命！"林花兰的话语像一炉炭火一样温暖着这三个孤苦伶仃的姑娘，当晚就美美地睡了一个好觉。

第二天一起床，林花兰就带着她们三姐妹和自己的儿子进山了。

当走到半山腰的时候，小巧的万蓉突然大声喊道："婶婶，您看那树上有好多的石榴和金橘，是不是？"

"是的，我也看清楚了，你抱着弟弟，我爬到树上去摘吧！"林花兰说完"嗖嗖嗖"几下就爬到了树腰处，一颗颗杯口大的石榴黄里透红，两个指头一捏明显能感受到它的柔软。她摘下第一颗石榴，顾不上清洗就咬了一大口，她用牙齿把石榴的皮剃掉，剩下的石榴肉吃完之后就甜到心里去了。

林花兰刚吃完第一个石榴，万蓉就在下面喊话了："婶婶，我姐也想尝尝！"

林花兰笑了笑："万蓉，你这个小家伙真是蛮精灵的哈！分明是自己想吃了还要把阿姐拉上来说事。"

"婶婶，先让妹妹尝尝吧，我还顶得住。"万雅连忙给妹妹解围。

"万雅、万蓉、万凤，你们三个抱着弟弟到远一点的地方躲一躲，我摇一摇石榴树你们就都有石榴吃了。"林花兰是从红军大队走出来的，野外生存的能力自然不在话下，等四个小家伙一走，她一手抓着一根粗糙的树枝，用力一晃，石榴树上那些已经成熟了的石榴像下雨一样往地上掉。

"婶婶！婶婶！别摇了，石榴够我们吃的了，让它们留在树上等我们下次再来摘吧！"又是万蓉小姑娘的主意！

"你天真吧！我们不摘别人不就摘走了吗？况且呢！石榴一熟，风一吹，不就全部掉到地上去了吗？到我们下次来就没有了！"万雅的话是有道理的。

"丫头们，婶婶自有办法，你们俩一个带弟弟，一个把石榴捡到袋子里就行了，婶婶把半生不熟的石榴摘下来，回家用棉袄捂个十天半个月，一定会让你们尝到甜头！"

除了山上的野石榴、橘子、柚子、芭蕉等许许多多野果之外，还有一些三姐妹都叫不出名的野果，林花兰样样都能如数家珍。自然而然各个季节里吃什么野果林花兰总能安排得井然有序。她的这一手绝活令三个侄女欢欣鼓舞。

林花兰的这一手绝活是她从小时候就开始学习的，除了采摘野果她了如指掌，下塘抓鱼她也是有两把刷子的。

红色奶奶

一场大雨过后，林花兰背着程万东，提着竹篮子，带上三个小侄女出门捞鱼去了。

刚刚开始的时候，三个小侄女担心劳而无功，可是一次又一次证明婶婶是一个捞鱼的好手。

一是到万泉河的一个入水处用竹篮子捞鱼，二是到积水处围水干鱼，三是到树荫下沉鱼。

婶婶把这个一穷二白的家搞得风生水起，不管多么艰苦，她总是笑容满面。

林花兰把一家五口的肚子填饱后，她又想起了丈夫的嘱咐，一定要把儿子养大成人。随着岁月的流逝，程万东很快就到了该上学的年龄了。

一天，一个地主家的小孩跟程万东说："哼！姓程的！别看你一天到晚能吃饱穿暖，这一辈子你是上不起学的。上不起学，你也就永远是一个穷鬼！"

程万东把这些话带到了阿母的耳中。

林花兰没有流泪，她咬了咬牙根说："万东！你为什么想上学呀？"

程万东说："要为阿爸报仇，就要有文化！"

"那你想不想上学呢？"林花兰摸着程万东的头问道。

"傻子才不想上学呢！不过，娘呀！阿姐都没上学，我又怎么能上学呢？"儿子程万东的话让林花兰听得揪心，泪水悄悄地在眼眶里打转。

懂事的万雅看出了婶婶的心思，她连忙上前安慰说："婶婶，先让弟弟上学，弟弟是男孩子，长大了要打敌人的。"

万雅的话让林花兰觉醒。上！都应该去上！不过，学校的大门能让程万东进吗？几个人的学费又从哪里来呢？

又是一个清晨，林花兰突然眼前一亮："去，我们去挖草药，然后卖给师母师父或者卖到集市上去不就行了吗？"

主意一定，她就带着四个小孩出发了。

风里来，雨里去，林花兰挖不久就挖来了一些何首乌、蛋竹叶、黎王草、山猪草、车前草，采摘了金银花、鱼腥草等十多种草药。

"这是要干什么呢？"好奇的妹妹万蓉连忙问婶婶。

"万蓉丫头，婶婶要把这些草药卖了，换回大洋供你们四个小孩子去上学。"

可是不管卖给谁，每次换回的总是杯水车薪，连小弟上学的费用都不够。

懂事的阿姐万雅跟妹妹商量："万蓉，你是咱的好妹妹，你看婶婶这么辛苦，一天到晚在外面风风雨雨地挖草药，都换不回弟弟的学费钱，我们去跟婶婶说我们三个不上学，先让弟弟读书，他长大了有出息就可以打敌人了！"

妹妹擦了擦泪水，小声地回答说："阿姐，我觉得你和弟弟都应该去读书，我日后多帮婶婶干点活就行了！"

姐妹的话都被林花兰一字一句地听在心里了，她连忙站起身，抱着三个侄女，失声痛哭起来……

良久，从外面玩的程万东跑回来了，他一边跑，一边大声地喊着："娘！"

林花兰回头一看，儿子程万东笑容灿烂地朝自己跑过来了。

"娘，您不爱我了吗？看你们几个的亲热劲儿，真让人眼馋。"

林花兰强装笑脸地说："儿呀！是你的三个阿姐爱你娘呢！是不？万雅、万蓉还有万凤？"

"是的！是的！谁叫你乱跑？不在家里爱娘，所以我们就帮你爱她了！"阿姐万雅一本正经地说。

红色奶奶

万东低下了头，跑到林花兰的跟前流着泪说："娘，我也爱您！您也让我抱抱吧！"

听了姐弟们的对话，林花兰早已哭成了泪人，她急忙把四个小孩子紧紧地搂在自己的怀里，大声地说："孩儿们，你们都是我的心肝！"

"婶婶别哭，婶婶别哭！我和弟妹们都听您的话。"万雅哭着说。

林花兰听侄女这么一说，马上变得冷静了，而后笑了笑说："孩子们，我是看到你们都长大了、懂事了高兴得流泪的！"

夜幕来临，林花兰带着一阵忧伤和些许自责进入了梦乡。

睡着睡着，她似乎看到了程德汉高大的身影朝着她快步走来："花兰，孩子们都长大了哈，这里是一袋子大洋，你拿去送他们上学吧！"

正当林花兰伸手去接这个袋子时，袋子突然掉地下了，当她弯下腰去捡时，她突然醒来了！

梦，这是梦！

是的！她是多么希望能再次见到自己的丈夫，多么希望自己的儿子和三个侄女早日走进学校的大门！

可是当地土豪劣绅个个作恶多端，成天兴风作浪，自己又无能为力将其绳之以法，每天只能忍气吞声。

日子过得有些艰辛了，她左思右想，决定还是去找师母师父助自己一臂之力。

面对林花兰的诉求，师母没有拒绝，借给了林花兰十块大洋并承诺高价收购她采摘和挖掘的所有中药材。而后开导她说："丫头呀！我可是看着你长大的，遇到困难的时候先不要慌手慌脚的，想想法子就有出路了，我记得你跟着我的时候，就知道了一些护理常识，我看现在是时候用上了，当一个农村的接生婆嘛！多好的事，一来可以积德救人，二来也可以养家度日呀！更为重要的是要是碰上好的人家他们还会给你一份喜子钱。"

林花兰觉得这是一个好办法，于是，她在师母家里讨了一个旧药箱，要了一些基本的诸如剪刀、针线等必备的接生用品，带着希望，带着欢心，回到了自己的故乡官塘村。

不久，儿子程万东就走进了学校，在师母的帮助下又有了新的商机，所以日子眼看着就红火起来了。

可是，让她揪心的事却在不久后发生了。一天早晨，天还没有亮，一个女婴的啼哭打破了这个平静的村庄，当她走出门时，发现一个女婴挂在一个摇摇欲坠的小竹篮里嗷嗷大哭，细心一看，女婴的脐带还在流着鲜血。可她回头一想，自己身边已经有了四个小孩，本来日子就难熬了，要是抱回去的话又怎么能养活呢？但是自己发现了而又置之不理怎么忍心呢？就在她进退两难的时候，冥冥之中她似乎听到了程德汉的声音："抱回去吧，将来既可以帮助我们闹革命，又可以做我们穷人家的儿媳妇呀。"

想到这里，林花兰最终选择了收养这个女婴。回到家里，她用明火给剪刀消毒，用开水把棉线煮沸，在剪下一长节脐带之后，她就用消过毒的棉线将脐带缝合好，而后给这个女婴取了一个名字——刘应容。

林花兰的善举在十里八乡传播的同时，她给人接生的消息也在附近村庄开始传播得家喻户晓了。

林花兰在收获赞美的同时，也遇到了困苦，原本是"四吃一"的家，现在变成"五吃一"的困难户，也就是说，她以前只要养育四个小孩，现在一个人要养育五个小孩了。

日子又一次过得紧张起来，去师母家送药时，师母发现林花兰怀里多了一个女娃，得知原委后，师母连忙夸奖她做得对！临行时，师母还专门给这个女婴打发了一些粗布衣服和一块大洋，用以鼓励林花兰继续行善积德。

林花兰的肩膀上多扛了一个女儿，自然就多了一份负担，加上她自从当了接生婆之后，平日里也多了责任。

不管是给东家接生，还是给西家送子，她从不计较任何报酬，也不追逐什么名分，什么时候都能做到随叫随到，风阻碍不了，雨威胁不住。

她还要兼顾养家糊口，下地种菜，上山挖药！不管是谁找她接生，她从来没有因为家事而推诿。

一天深夜，天空中突然下起了瓢泼大雨，官塘村一户王姓地主人家的媳妇难产，生了一两个小时还不见手脚出来，只能见到一个婴儿的屁股，就是见不到婴儿的头，一家人犯难了。

可是找谁呢？大家七嘴八舌地谈论着各自的看法，他们听说林花兰是一个接生的好手，但是平时没有什么交情，可是生命危急之际，地主老爷不得不低下了他那高昂的头颅。他带上管家，捎上家里的两只大公鸡、二十斤大米，还有十块大洋敲开了林花兰家的大门。

"花兰，王老爷家有礼了，方便开门吗？"

林花兰一听是王老爷来了，先是本能地一种反感，但是转念一想，是不是有什么人命关天的事呢？于是连忙问道："王老爷找我有什么事呢？"

"大阿妹呀！我老王平日里少礼来你家拜访，今天有一事相求！"王老爷显得一副卑躬屈膝的样子说。

"有事直说吧！我能帮到你什么？"林花兰的言语中夹杂着一些许厌倦，但又担心是接生的事。

"大阿妹呀！我是三代独苗，这个小孙子就是卡在娘肚子里出不来哟！求求你行行好！快去帮忙看看吧！"王老爷边说边给随行的管家使了一个眼色，意思是赶紧把礼品献上。

　　"林家阿妹，这是我家老爷的见面礼，麻烦你高抬妙手，赶紧前去相助一把！"管家说。

　　一听说是难产，林花兰既没有看什么礼物礼金，也没在乎他家是什么地主还是富豪，拎着接生用的药箱就出发了。

　　当她大步来到产妇跟前时，自己全身已经是没有几处干纱了，本想简单地休整，可是眼前的婴儿有些发紫了，她知道，这是一个巨大儿，如果不果断出手，恐怕是难逃一劫。

　　于是，她马上对自己的手部进行了消毒处理，而后立即把双手放到产妇肚脐下面的小腹处，来回进行了几次适力的按压，婴儿渐渐地往下滑出来一厘米、两厘米、三厘米……

　　可在这关键时刻，婴儿再也不往下滑动了，她当机立断，用自己锋利的指甲对着阴道口的上下两处进行了划裂处理，这时，产妇一声惨叫，一个体量比较大的婴儿立即滑了出来。

　　婴儿成功分娩之后，她又立即对产妇进行了止血处理，最终保住了她的性命。

　　听到婴儿的啼哭声，地主老爷的脸上马上布满了笑容，他握住林花兰的手说："阿妹呀，你真有两下子！"

　　地主家接生，林花兰不分白天黑夜；穷人家接生，林花兰也从不讲价钱。当地的参古村、珍岭村、上坡村、温泉村、椰寨村等几个村庄的上千户人家，一旦有人生产，第一个想到的就是林花兰，有的人说："请到林花兰，子孙不愁穿！"

　　那是一个冬天的早晨，邻村的赵阿婆急匆匆地赶来求救，说自己家的孙媳妇家境贫寒，产后出血不止，无钱医治。林花兰听阿婆这么一说，二话不说就赶到了产妇身边，一进门，就立即用开水煮沸了三条毛巾，而后隔了一层纱布，一条接着一条地把毛巾敷在产妇的小肚子上，这样一来可以减少胎盘在子宫壁上的停留时间，二来让子宫遇到高温后立即收缩，从而加速止血的速度达到减少失血的目的。几个来回之后，血终于止住了。

林花兰的接生技术随着一个又一个新生命的平安诞生而更加声名鹊起了！

又是一天深夜，林花兰正在睡梦中和丈夫程德汉聊天，突然家里的大门被人敲得"嘭""嘭""嘭"的直响，她点起油灯一看，是三个壮汉，开始她愣了一下，转而又沉着地问道："几位有什么事吗？"

"阿妹，我是山上的苗民，我们家族长的儿媳妇产后血流不止，无人会治，听说你能力超凡，请你帮忙尽快前往相救！"其中一个壮汉大声地说。

林花兰犹豫了一下说："那这两位大哥是？"

大汉连忙上前解释道："他们两个是抬轿的，族长考虑到路途遥远，给你派来了一顶大轿！"

林花兰一听，救人要紧，她哪有心思去坐什么大轿？边走边说："你们跟我来，我不用坐大轿。"

林花兰话音一落就一个劲地往山上走去，大汉见状，立即在前面引路，不时还回头看一看林花兰，问她累不累。

三个人半路上就跟不上林花兰的脚步了。

这时，林花兰指了指山坡上的油灯，问是不是那个位置，壮汉点了点头，就累得瘫倒在地了，而林花兰则几个飞跑就找到了产妇的家。

这是一个失血过多的产妇，人已经处于昏迷之中，她二话不说，两手使劲地按着产妇大腿根部的总动脉，而后吩咐在一边的家人生上一炉草火，煮沸三条毛巾。当大腿不再流血的时候，产妇的子宫也就开始收缩了。就在这时，机智勇敢的林花兰放开双手，在产妇的下腹位置隔了两层纱布之后，一齐把三条热毛巾敷在了产妇的小腹上，这样一来终于止住了产妇的子宫流血。

可让人意想不到的是，产妇却依然昏迷不醒，家人有的念佛，有的流泪。而林花兰则镇定地从产妇流下的血液中找了三四块已经凝固的血块喂到了产妇的嘴中，再吩咐家人倒了一杯凉水，她用筷子插入产妇的口中，而后将凉水往产妇口中倒，产妇见到凉水后自然地咽了几口，凝固的血块便顺着凉水抵达了腹中，一瞬间的功夫，产妇终于苏醒了。

渐渐地，林花兰曾经跟随红军打过仗，在红军大队当过卫生勤务人员的消息不胫而走，她就成了远近闻名的"红色接生婆"！

据悉，她先后接生过上千人次，其个人的美德写入了当地人民群众的心坎上。同时，只要有时间，她就向儿子程万东讲述他父亲程德汉的革命故事，让程万东从小就受到了红军精神的鼓舞和鞭策。

认识的人多了，关心她的人也多了。有的为她提供粮食，有的为她牵线做媒，有的为她出谋划策，有的为她雪中送炭。

不管怎么样，有一件事她是坚决拒绝的，那就是始终坚守贞操，绝不改嫁。这一信念直到其驾鹤仙去。

她，从28岁守寡，到74岁过完一生。46年的风雨人生，仅仅只是为了一个红军烈士的嘱托！

到她的故乡采访，昔日在摇篮里捡来的女婴后来成了她的童养媳的刘应容今年84岁了，只要一讲起自己的阿母林花兰，她的泪水就会如泉而涌！

今天，我们敬仰英雄，可是我们不能忘记为了守护英雄而不惜一生相守的林花兰！

今天，我们崇拜英雄，可是我们不能不崇拜为了守护英雄而心甘情愿付出一生的林花兰！

回忆我的奶奶

1982年6月3日，我在军校学习下课后回到宿舍，同学递给我一封信，一看是父亲的来信……开始我很高兴，焦急地把信打开，但还没有把信看完，我的眼泪就像泉水一样直涌出来。信中写道："儿子，你奶奶因心脏病抢救无效，已经于5月10日去世，当时没有及时告诉你，主要是担心你的学习工作会受到影响。我们知道，儿时，奶奶经常在你面前讲爷爷参加红军的故事，特别是战斗故事，你每次都很认真听着。记得你入伍的那天，奶奶送你到村口对你讲：咱们是穷人的孩子、烈士的后代，到部队后更要听党的话、听首长的话，一切服从组织，要不怕苦不怕累，遵守纪律，多做好事、实事，当一名好战士！"

从那以后，我把奶奶逝世的事埋在心里，从没有向领导和同学们讲过，时常在被窝里抹眼泪，一边哭一边自我安慰，化悲痛为力量，认真学习。后来转业到地方工作，每当遇到困难和问题时，我都会回想起奶奶的教诲。

红色奶奶

数十年来，我从部队转业到地方，先后在组织部门、党校、文化厅、文联、政协工作，无论在哪个部门、哪个岗位，我都牢记奶奶的教诲，严格要求自己，坚守底线，发扬红军精神，认认真真学习、扎扎实实工作。

记得小时候奶奶跟我讲，我们家过去十分贫穷，1921年爷爷程德汉随乡亲到马来西亚（南洋）谋生，在南洋参加革命，后来组织委派回广州参加革命。

奶奶讲：你爷爷从广州回海南时带着两把驳壳枪，国民党得知后，到处追杀你爷爷。你爷爷几次躲过危险，白天时常钻进山林里，晚上出来组织农民群众发动革命，当时的革命环境十分艰苦。

奶奶对我说，你爷爷在陵水黑牙洞牺牲的时候，她正好在红军部队当卫生员，当得知爷爷被敌人枪杀倒地，两只耳朵也被敌人割走，她伏在爷爷身旁痛哭，敌人听到有女人的哭声，又掉转头，把她抓起来，带到陵水的敌人监仓坐牢。你爷爷的尸体被抬走示众，奶奶身孕三个多月，在牢房大半年，受尽磨难，一开始敌人用花言巧语引诱，如果不讲出红军的秘密，就百般进行摧残，但最后也听不到半句有关红军的秘密。

奶奶还说，你爷爷程德汉等几位红军战士牺牲在黑牙洞，情景感人，后来当地老百姓将这里改称"红军岭"。

奶奶跟随爷爷在红军部队当过卫生员、通讯员、炊事员，爷爷牺牲的当天，奶奶被敌人抓去坐牢，敌人凶残毒打、电击、热烫奶奶，但奶奶从不畏惧！

解放后，她继续为乡亲当接生婆，有一次夜晚，风雨交加，外村有一位孕妇快生了，让奶奶赶紧去接生，我说："奶奶，等雨小一点再去吧？"可是奶奶为了他人生命安全，不顾一切，收拾好药箱就直往孕妇家奔去。这位孕妇深度难产，幸亏奶奶及时赶到，凭着丰富的经验，排除困难，不然后果不堪设想……历经几个小时的努力，婴儿平安诞生了，婴儿的母亲也得以安全！像这样的事我经常耳闻目睹。一直到奶奶去世之前，她都十分低调，从来没有向党组织和政府提出过任何要求。奶奶经常教育我们，只有毛主席能带给我们幸福，我们要永远感激党、感激毛主席！

1957 年，中央慰问团把毛主席亲笔签名的照片赠送给程德汉烈士家属，上台领受的奶奶手捧着毛主席照片，激动得泪流满面，情景十分感人！

奶奶多次同我讲过，在学校读书，要听从老师的教诲；到部队以后，要听首长的话，纪律第一、品德第一，先做人再做事，只有这样，才能做一名好战士。

我读小学时，每天要走十几里路，回到家时，又累又饿，奶奶总是煮好地瓜稀饭等我们回来吃，她总吃长了虫子的地瓜，把好的地瓜煮稀饭留给我和村里几位同学一起吃……

奶奶勤勤恳恳、默默无闻，为红军部队的战士服务，在敌人的监狱里宁死不屈，为了乡亲们的幸福甘愿当接生婆，等等，这一切平凡而又不平凡的事，时时刻刻鼓舞着我奋勇前行。奶奶的革命意志和精神力量，至今激励着我锐意拼搏，一切

红色奶奶

听从党指挥，不断增强"四个意识"，坚定"四个自信"，自觉做到"两个维护"，为实现中华民族伟大复兴做出积极贡献！

程扬

2020 年 2 月 6 日

（程扬，红军烈士后代，林花兰的孙子，1992年从广州军区政治部干部转业到地方工作。曾任广东省委组织部干部处处长、省委党校副校长、省文化厅副厅长、省文联党组书记、省政协常委，中国书法家协会理事、广东省书法家协会副主席。）

跋

金秋十月，桂花飘香。值此全国人民开展"不忘初心、牢记使命"主题教育之际，我的长篇纪实文学作品《红色奶奶》在羊城大地上开花结果了。这对于红色军旅作家的我来说，无疑是一件激动人心的大事、好事和值得庆幸的事！

如果说我的这部长篇纪实文学作品《红色奶奶》的诞生要感谢谁的话，我肯定首先要感谢习近平总书记，因为他恰逢其时地提出了"崇尚英雄才会产生英雄，争做英雄才能英雄辈出"这一伟大号令，为我创作这部长篇纪实文学奠定了坚实的理论基础的同时，也给时下的中国人民注入了一股全新的精神血液。同时，还为弘扬正气者打足了气，夯实了基。

其次要感谢已 107 岁高龄的全国年龄最高的女红军王定国奶奶。王定国奶奶是著名的法学家和教育家、杰出的社会活动家、法学界的先导、人民司法制度的奠基者、"延安五老"之一谢觉哉的夫人。虽然她现在写字有些费力了，但当听说要请她老人家给我的长篇纪实文学作品《红色奶奶》作序时，她竟然二话不说就欣然答应了，并在稿纸上工工整整地写下了"王定国"三个大字。

红色奶奶

最后还要感谢美丽富饶的海南福地孕育了林花兰这位坚贞不渝的烈士爱妻！更要感谢林花兰这位矢志不移的坚强女性留下了一幕幕如此荡气回肠的英雄画面。该书得到了琼海市委、市政府、市人大、市政协等领导的支持和关心，同时也得到了海南、广东两省党史部门同志及老一辈无产阶级革命家的后代李讷、叶向真的关心和支持，得到了程德汉烈士在琼海、陵水、屯昌等后人的帮助；不但得到了专家、教授的指点和引领，还得到了毛泽东同志主办农民运动讲习所旧址纪念馆和中共中央党校出版社领导和编辑老师的热情关怀。在此我衷心地说声谢谢，因为有你们的帮助，我才有了文思泉涌的创作思维，才有了这近十万字的长篇纪实文学作品《红色奶奶》。

在作品的多次校对过程中，得到了税务同行朱林颖慧的热心帮助和无私关怀，由衷地表示谢意！

从习近平总书记的伟大号令，到王定国老红军的欣然作序，无不彰显出红色文化潜在的强大生命力和感召力。从琼海大地的各方援手到羊城大地的处处温心，无不显露出一颗颗赤诚之心。

作为青年一代，当你读完此书的时候，千万别忘了林花兰的赤诚之心。从作品中，我们完全可以看出，中国革命的胜利，是不计其数的像林花兰一样热爱红军、支持红军、追随红军、永远跟着红军转战疆场的仁人志士用青春和热血换来的。

作为青年一代，当你读完此书的时候，千万别忘了林花兰不畏强敌的牺牲精神。在敌人的严刑拷打面前，林花兰宁愿牺牲自己，也不屈服于敌人的皮鞭铁链，不管敌人怎么从肉体和精神上对她进行摧残，她自始至终都没有把红军的情报出卖给穷凶极恶的敌人。

　　作为青年一代，当你读完此书的时候，千万别忘了林花兰行善积德的奉献精神。从监狱中死里逃生的林花兰面对一贫如洗的家，她没有忘记烈士的女儿，也没有放弃被人抛弃的幼婴，宁愿自己吃苦受累，也不忘记雪中送炭，凡是有人生产需要帮助，她总是义不容辞地在第一时间赶到现场，为产妇出谋划策，每一次都得心应手！

　　回顾过去，历史的车轮一直没有停止过前进的脚步，特别是随着中国经济的不断发展和对外开放的逐渐深入，我们伟大的祖国取得了举世瞩目的成就。习近平总书记恰逢其时地提出"崇尚英雄才会产生英雄，争做英雄才能英雄辈出"的这一伟大号令，这既是一种鞭策，更是一种鼓舞！我相信，在习近平新时代中国特色社会主义思想指导下，红色文化作品的市场一定会更加繁荣昌盛，全国人民在红色文化作品的熏陶下，幸福的日子一定会越过越安宁。

　　最后，愿红军烈士程德汉的爱妻林花兰的事迹传遍千家万户，愿《红色奶奶》一书激励所有的中华儿女奋勇向前。